회사는 미래의 당신을 뽑는다

대기업 인사담당자의 독한 충고

대기업 인사담당자의 독한 충고

회사는 미래의 당신을 뽑는다

이은영 지음

Winner's Secret Library · 위너스북
WINNER'S BOOK

회사는 미래의 당신을 뽑는다

초판 1쇄 발행 2013년 10월 7일

지은이 | 이은영
발행인 | 홍경숙
발행처 | 위너스북

경영총괄 | 안경찬
주간 | 김형석
기획편집 | 김시경, 노영지

출판등록 | 2008년 5월 2일 제310-2008-20호
주소 | 서울 마포구 합정동 370-9 벤처빌딩 207호
주문전화 | 02-325-8901
팩스 | 02-325-8902

디자인 | 썸앤준
제지사 | 한솔PNS(주)
인쇄 | 영신문화사

ISBN 978-89-94747-21-7 13320

* 잘못된 책이나 파손된 책은 구입하신 서점에서 교환해 드립니다.
* 위너스북에서는 출판을 원하시는 분, 좋은 출판 아이디어를 갖고 계신 분들의 문의를 기다리고 있습니다.
winnersbook@naver.com | tel 02) 325-8901

이 도서의 국립중앙도서관 출판시도서목록(CIP)은
서지정보유통지원시스템 홈페이지(http://seoji.nl.go.kr)와 국가자료공동목록시스템(http://www.nl.go.kr/kolisnet)
에서 이용하실 수 있습니다. (CIP제어번호: CIP2013017070)

대기업 취업준비생 김동상

K그룹 공채 공고가 떴다. 드디어 결전의 날이다.

남들 못지않은 스펙을 쌓았고, 취업 사이트와 인터넷 카페를 두루 돌아다니며 노하우를 섭렵했으니, 이제 남은 건 지금껏 공들여 준비한 것들을 아주 멋지게, 제대로 '포장하는 일'이다.

K그룹의 입사지원서를 열어 차례차례 빈칸을 채워나갔다. 이름, 출신 학교, 학점…. 어라? 토익점수를 적는 난이 없다. 몇 년에 걸쳐 열심히 준비한 건데, 어쩐다? 그래, 자기소개서 부분에서 어필해야겠다. 어학연수, 공모전, 자격증, 인턴, 봉사활동, 아르바이트…. 쓸 건 많은데 글자 수가 제한되어 있어 답답하다. 대학생활 내내 제대로 놀지도 못하고 맨날 불안에 떨면서 준비한 건데 겨우 몇 페이지로 되겠냔 말이지…. 그간 투자한 돈과 시간이 아깝고 억울해서라도 모조리 적고 말테다.

선배들이 말하던 대기업 취업 기준보다 훨씬 더 많이 준비했고 나름 멋지게 포장했다.

이 정도면 충분한 것 같다. 아, 지긋지긋한 취업 스트레스도 오늘부로 끝이다!

7년차 인사담당자 정이몽

또 공채 시즌이 돌아왔다. 인사 담당인 우리에겐 매년 반복되는 야근 기간이다. 내 업무의 핵심은 '걸러내기'다. 지원자들이 공들여 포장한 상자를 열어 진국을 가려내고 진정성을 가늠하는 게 내 일이다. 7년간 매년 이 일을 하다 보니 이젠 어느 정도 요령과 눈썰미가 생겼다.

김동상 군의 지원서다. 객관적인 사항들은 합격권을 웃돌다 못해 우리 회사에 과분할 정도다. 그간 열심히 노력한 흔적이 역력하고 꽤 성실한 친구 같다.

자기소개서를 읽어 보니 딱히 흠 잡을 데는 없는데, 도무지 본인에 관한 내용을 찾아볼 수가 없다. 자기만의 생각보다는 일반적인 '정답'을 찾으려 애쓴 것 같다. 김동상 군이 주로 이용하는 취업 사이트가 어딘지도 훤히 알 것 같다. 서류전형에 합격한다고 해도 면접이나 인턴 과정에서 걸러질 게 뻔해 보이는데….

서류전형에서 가장 눈여겨보는 '지원동기 및 포부'를 읽는데 내용이나 문장상의 문제가 없는데도 왠지 겉도는 느낌이다. 앗, 치명적인 오류 발견. 'L그룹의 자랑스러운 미래를 이끌….' 우리 회사는 K그룹이다. 아마도 복사해 붙여넣는Copy & Paste 과정에서 회사명을 고치는 것을 깜빡했나 보다. 어쨌든 탈락!

하마터면 부장님한테 정말 '죽을' 뻔했다.

회사는 미래의 당신을 예측하여
당신의 미래를 산다

공채 기간이 되면 비등비등한 스펙의 입사지원서가 쏟아져 들어온다. 입사지원서에 적힌 스펙을 보면 극히 일부를 제외하고는 정말이지 별반 차이가 없다. 그런데도 누구는 합격하고 누구는 탈락한다. 사실 어느 정도의 요건만 충족하면 스펙은 무의미해진다. 그러면 취업의 당락을 가르는 결정적인 차이는 무엇일까?

대기업 인사담당자로 근무하면서 다양한 경우를 봤지만 이것 하나는 확실하다. 회사와 여러분의 시각이 달라도 너무 다르다는 점이다. 여러분은 '현재'를 말하려 하고, 회사는 여러분의 '미래'를 듣고 싶어한다. 회사 입장에서는 그 사람의 준비된 토양만 확인된다면 충분하다. 입사 후 어차피 연수와 교육, 오랜 훈련을 통해 그 기업에 맞는 사람으로 가꿀 것이기 때문이다. 특히 대기업의 경우 회사의 비전과 색깔에 동화될 수 있는 사람을 원한다. 이러한 시각의 차이를 좁힌 사람이 최종 합격할 확률이 높다.

스펙을 통해 '현재'를 어필하려 하기보다는, 비전과 꿈을 이야기함으로써 당신의 미래를 보여줘라. 회사가 원하는 게 바로 이것이다.

당연한 이야기라고? 몰라서 스펙에 매달리는 게 아니라고? 내가 만나본 후배들의 99퍼센트가 이런 현실을 제대로 모르고 있었고, 아니 그전에 내가 취업준비생이었을 때도 사실 이런 시각차 자체를 아예 인식하지 못했다. 알려주는 선배가 있었더라면 내 인생의 낭비를 얼마나 많이 줄일 수 있었을까, 생각할수록 아쉽다.

나 역시도 고난의 취업준비생 시절을 겪었다. 그때 이런 생각을 했다. '아무 회사라도 인사담당자 딱 한 명만 알면 얼마나 좋을까!'

취업 이후 어느덧 정신을 차려보니 내가 그토록 만나고 싶던 대기업 인사담당자가 되어 있었다. 그때의 절박함을 잘 알기에 당장 주변 후배들부터 진로 탐색, 취업고민 상담, 자기소개서 작성 등을 봐주기 시작했다. 하지만 그들을 만날수록 마음이 점점 무거워져만 갔다.

많은 이들이 '생각의 기초체력'이 부족했기 때문이다. 그들은 대학 간판을 위해 밤새워 공부했던 수험생 시절처럼 살고 있었다. 막연히 회사 간판을 갖기 위해 오늘도 스펙 앞으로 '전력질주'를 하는 것이다. 이는 회사에서 만나게 되는 인턴십 참가자들, 그리고 몇몇 신입사원들도 크게 다르지 않았다.

"몰라도 너무 모른다."

마치 인사담당자는 화성에, 취업준비생은 금성에 사는 것처럼 느껴졌다. 나는 그 차이를 줄이고 싶었다.

오늘도 당신이 잠을 줄이고 친구와의 인간관계도 끊어가며 준비하는 스펙은 인사담당자들 눈에는 그저 그런 자기소개서 속의 평범한 한 줄일 뿐이다. 하지만 그럼에도 불구하고 그 한 줄을 채우기 위해 모두들 고군분투한다. 취업 관련 인터넷 포털사이트의 수많은 카더라 통신은 가뜩이나 불안한 당신을 더욱 궁지로 몰아넣는다. 게다가 무엇인가 분주하게 스펙을 쌓는 주변 친구들 탓에 더욱 마음이 조급해진다. 결국 이러한 불안함은 분주함을 낳아 무엇이건 일단 하게 만든다. 지금의 스펙 열풍은 사실 이렇게 시작된 것이다.

삶의 목표가 오로지 대학이었던 10대 소녀는 그것을 얻은 후 시름시름 앓으며 대학의 시스템을 부정한다. 20대 삶의 목표가 오로지 회사 간판이었던 취업준비생들의 열 명 중 세 명은 그토록 치열하게 입사한 회사를 스스로 떠난다.

무엇이 문제일까? 안타깝게도 우리는 정해진 시간표에 맞춘 삶이 끝나는 20대 중반부터 어떻게 경제적, 정신적 독립을 하여 주체적으로 살 것인지 생각하는 시간을 갖지 못했다.

그래서 이 책을 쓰기로 결심했다. 이 책에는 단순한 취업 이야기만 담지 않았다. 취업과 더불어 그 이후의 삶까지도 생각하는 계기를 마련해주고 싶었다.

오늘도 스펙 열풍 속 수많은 청춘들은 쉬지 않고 많은 일들을 하고 있다. 안타까울 정도로 열심히 한다. 하지만 결국 중요한 것은 '얼마나 많은 일을 했는지'가 아니다. 지금 당신에게 꼭 필요한 것은 '무엇을 이루었느냐'이다. 생각의 기초체력을 쌓아 남들의 기준이 아닌 철저히 내 기준에서 목표를 정하라.

이 책은 '아무 회사라도 인사담당자 한 명만 알았으면 얼마나 좋을까' 하는 내 20대의 간절했던 소망에 대한 답이다. 당신과 똑같은 취업준비생 시절을 겪었기에, 그리고 오늘도 꿈이 시키는 일을 하기 위해 고군분투하고 있기에 당신과 내가 크게 다르지 않다고 생각한다. 다만 당신의 막막함과 조급함, 두려움이 원래는 같은 생각을 하고 있었을 취업준비생과 인사담당자들의 사이를 멀어지게 했을 뿐이다.

지금의 원인 모를 두려움을 잠시 내려놓자. 그리고 현직 대기업 인사담당자의 취업에 대한 진짜 이야기에 귀 기울여보자. 당신이 지금까지 부정적으로 생각해온 취업에 대한 편견을 벗고, 실제로 도움이 될 진짜 조언을 이 책에서 쏙쏙 뽑아가길 바란다.

2013년 어느 날, 어느 꿈 같은 시간에
이은영

취업 현장에 가까이 서 있는 사람이 쓴 취업준비생과 사회 초년생을 위한 책이다.

저자 스스로가 걸어온 길과 동료 및 후배를 직접 지켜보면서 쓴 책이라 현장감과 경험담이 어우러진 것이 강점이다. 취업과 직장 초년의 준비서로 추천하고 싶다.

공병호(공병호경영연구소 소장/경제학 박사)

채용은 당신의 가능성에 대한 투자다. 미래에 더 매력적인 인재가 될 것이라는 믿음이 있기 때문이다. 그래서 취업은 '이벤트'가 아니라 '성장의 과정'이다. 이 책이 취업과 미래를 고민하는 분들께 새로운 생각을 선물할 수 있는 기회가 되길 바란다.

김태원(구글코리아 팀장, 《생각을 선물하는 남자》 저자)

남에게 웃음을 주는 일을 하면서도, 정작 얼굴을 직접 마주한 이에게 기운을 북돋아주는 것은 어렵다. 하지만 내가 만난 이은영은 얼굴만 봐도 마음이 밝아지고 힘이 솟는 그런 사람이다. 그런 그녀가 취업준비생들을 위한 글을 썼다고 하니, 또 얼마나 많은 사람들이 힘을 얻을까 싶어서 벌써 기대가 된다. 이 책을 통해 부디 취업이라는 어두운 터널을 뚫고 나와 청춘의 꿈을 활짝 펼치길 바란다.

서수민(KBS 〈개그콘서트〉 PD)

　지원자들의 면접을 심사하며 나는 두 번 놀란다. 엄청난 스펙과 화려한 이미지 때문이다. 그러나 찍어낸 듯 똑같은 스펙과 복장, 유창하지만 자기 이야기가 없는 그저 좋은 스피치에 두 번 실망한다.

　창의적이고 열정적인 젊은이, 자신의 브랜드에 대해 자신 있게 이야기할 수 있는 진짜 취준생을 만나고 싶다. 바로 그 목마름을 해결해줄 '이은영'다운 도서라고 확신한다.

허은아(브랜드 이미지 전략가)

　이 책은 막막하기만 한 취업준비생을 위한 독한 충고가 가득 담긴 조언서이자 꿈처럼 일하는 드림워커인 저자가 알려주는 청춘 사용설명서다.

　현직 인사담당자가 들려주는 진짜 취업이야기라는 타이틀에 맞게 취업과 직장생활에 대한 속사정이 속 시원하게 담겨 있다.

윤태익(인경영연구소 대표)

　김성근 감독의 말처럼 '어차피'란 단어를 '반드시'로 바꿔야 인생이 달라지는데, 남과 다른 1%를 가지고 인생을 멋지게 바꾼 이은영은 하늘에 떠 있어서 별이 아니고, 남을 비춰야 별이라는 것을 느끼게 해준 사람이다. 그리고 이은영은 이 책을 통해 시련에 주저앉은 당신을 일으켜줄 손을 내밀어줄 것이다. 문득 그녀의 최종 목표는 어디까지일지가 궁금해진다.

박용환(평화방송 라디오국 PD , 《열정으로 두드림》 저자)

1장

인사담당자는 이런 사람과 일하고 싶다

인사담당자도 사람이다

서류전형의 당락을 좌우하는 작은 실수들

이름 보고 대학 가니 행복하던가

스토리가 있는 자기소개서는 담당자의 마음을 울린다

스펙에 대한 인사담당자의 솔직한 뒷담화

회사는 이런 사람과 일하고 싶다

준비는 아무도 빌려주지 않는다

인사담당자도 사람이다

취업준비생들이 흔히 간과하는 사실이 한 가지 있다. 대기업 인사담당자로서 그동안 정말 개인적으로 아끼는 후배들에게만 살짝 알려준 고급 정보다.

"우리도 사람이다. 그것도 아주 평범한 사람."

취업준비생들은 인사담당자들이 사람도 아니라고 생각하는 것 같다. 물론 입사 후에는 언제 그랬냐는 듯 우리들과 친하게 지내지만 적어도 취직이 절실한 취업준비생 기간에는 그렇다. 그들이 자주 하는 질문들을 보면 내가 왜 이렇게 생각하는지 알 수 있을 것이다.

"면접 질문으로 어떤 것이 나올까요?"

"외모가 취업에 영향을 미칠까요?"

"회사 직무에 대해 잘 모르는데 어쩌죠?"

이 질문들에 하나하나 대답해봄으로써 우리 인사담당자들도 '사람'임을 증명하고자 한다.

■ 취업준비생

"면접 질문으로 어떤 것이 나올까요?"

■ 인사담당자

"면접 전에 내가 받게 될 질문을 미리 알 수만 있다면 얼마나 좋을까요? 하지만 이루어질 확률이 전혀 없는 공상만 하지 말고, 우리 한번 생각해봅시다. 과연 기업에서는 신입사원 면접 질문을 어떻게 만들까요? 당연히 신입사원 채용을 담당하는 인사담당자들이 질문을 준비하겠지요. 그래서 취업준비생들은 괴롭습니다. 인사담당자들이 준비한 질문들을 모르기 때문에 초조하고 불안합니다.

그럼 여기에 '인사담당자도 사람이다'라는 사실을 대입해봅시다. 인사담당자들도 사람이기 때문에 면접 질문을 만들기 위해 웹서핑을 합니다. 신문을 봅니다. 회사 관련 이슈도 찾아봅니다. 유명 컨설팅 회사에서 했다는 논리 추론적 질문들도 참고합니다.

면접 질문, 토론면접 주제들은 면접 날 갑자기 하늘에서 뚝 떨어지는 것이 아닙니다. 그러니 당신도 그들과 똑같이 해보면 됩니다. 웹서 평을 하고, 신문을 읽고, 면접 볼 회사의 최근 이슈도 찾아보고, 면접 예상문제도 뽑아보고 말입니다.

인사담당자들도 당신과 똑같이 취업준비생 기간을 거쳐 입사한 평범한 사람입니다. 따라서 인사담당자가 생각할 수 있는 면접 문제라면 당신 또한 가능하다는 말입니다."

■ **취업준비생**

"외모가 취업에 영향을 미칠까요?"

■ **인사담당자**

"어떤 취업준비생들은 말합니다. 본인이 못생겨서 그 회사에 떨어졌다고 말입니다. 그래서 외모 가꾸기에 여념이 없습니다. 심지어 성형수술도 불사합니다. 반면 어떤 친구들은 그럴 시간에 스펙 한 가지라도 더 쌓으라고 말합니다. 그래서 취업준비생들은 혼란스럽습니다. 외모를 꾸밀 것인지 그 시간에 스펙을 더 쌓을 것인지 말이죠.

자, 그럼 여기에도 '인사담당자는 사람이다'를 대입해봅시다. 사람들은 예쁘고 잘생긴 사람을 좋아할까요? 당연히 좋아하겠죠. 그런데 그 예쁘고 잘생긴 기준은 무엇인가요? 이 질문에는 앞에서처럼 간단하게 대답이 안 나옵니다. 외모에 대한 기준은 개인의 취향에 따라 서로 아주 많이 다르기 때문입니다.

간단히 소개팅만 생각해봐도 그렇습니다. 친구가 그렇게 괜찮다고 해서 만난 그(그녀)가 친구 말처럼 정말 그렇게 괜찮던가요? 아닙니다. 친구 눈에 예쁘고 잘생겨도 내 눈에는 아닐 수 있습니다. 인사담당자들도 그렇습니다.

더구나 우리는 앞으로 같이 근무할 신입사원을 뽑는 것이지 내가 사귀고 싶은 사람을 고르는 것이 아닙니다. 얼굴 생김새의 잘나고 못남으로 같은 회사에서 근무하게 될 신입사원을 뽑는 것이 아니라는 말입니다. 정말 얼굴이 못나서가 아니라 스스로 못난 얼굴이라며 어둡고, 의욕도 없고, 자신감 없게 행동해서 채용에 탈락하는 것입니다.

인사담당자들도 평범한 사람이기에 이왕이면 밝고, 열정적이고, 자신감 가득한 친구들과 일하고 싶습니다. 그래야 신입사원 잘 뽑았다는 칭찬도 받고 스스로도 뿌듯합니다."

■ 취업준비생

"회사 직무에 대해 잘 모르는데 어쩌죠?"

■ 인사담당자

"단도직입적으로 이야기하겠습니다. 그 정도의 성의도 보이지 않으면서 지금 우리 회사에 들어오겠다는 겁니까? 우리도 사람이기 때문에 정말 우리 회사에 들어오고 싶어하는 사람에게 눈길이 한 번 더 갑니다.

인사담당자들은 취업 시즌에 하루에도 수천 장의 자기소개서를 읽습니다. 여러분이 지레 짐작하는 것처럼 지원자들을 스펙 기준으로 시스템 돌려서 떨어뜨리지 않습니다. 정말 여러 명이 다 나누어 읽습니다. 채용 시즌이면 전 계열사에서 차출된 인사담당자들이 한 방에 갇히는 이유입니다. 자기소개서를 다 읽어야지 그 방에서 나올 수가 있습니다.

우리도 사람인데 그렇게 방 안에 갇혀서 며칠씩 지원서들을 읽다 보면 어떻게 될까요? 피곤에 절지만 신기한 능력 하나가 생깁니다. 바로 '진짜 지원자'와 '묻지마 지원자'를 구별하는 능력입니다. 특히나 지원동기 및 포부를 보면 더 확실히 알 수 있습니다.

회사의 '지원동기 및 포부' 쓰기가 제일 어렵다는 학교 후배에게 이렇게 말한 적이 있습니다. 우리 인사담당자들은 그 부분을 제일 눈여겨본다고 말입니다. 자기소개서 항목 중 성격의 장단점, 살아오면서 가장 힘들었던 일, 가장 크게 성취했던 일 등은 복사하여 붙여넣기(Copy and Paste)가 가능합니다. 많이들 해보았죠? 하지만 자기소개서의 제일 마지막 항목인 '지원동기 및 포부'는 유일하게 복사하여 붙여넣기가 통하지 않습니다. 그래서 다 비슷비슷한 지원서 중에서 합격, 불합격을 결정하는 데 큰 역할을 합니다.

회사 직무에 대해 고민하지 않으면 지원동기와 포부도 불명확해집니다. "유명한 대기업이라서 지원했고, 포부는 일단 입사해서 생각해볼래요"라고 말하는 사람의 지원서가 운 좋게 뽑힐 수 있을까요? 피곤한 인사담당자가 잠시 꾸벅 졸아 불합격을 합격으로 처리한다면 모를까 절대 불가능한 일입니다.

직무를 알아야 지원동기와 포부가 생깁니다. 그래야 서류전형을 심사하는 인사담당자들이 당신의 지원서를 합격 칸으로 가져다 놓을 확률이 높아집니다. 한 번에 이루어지는 것은 없으니 꾸준히 직무의 종류와 본인이 원하는 일을 탐색해보세요."

이처럼 취업 앞에 아파하는 청춘들의 질문을 받을 때면 망치로 머리를 맞은 것 같은 충격을 받는다. 인사담당자인 내 기준에서 너무 당연한 것이 그들에게는 너무도 생소하기 때문이다.

"몰라도 너무 모른다."

같은 하늘 아래 사는 우리들인데 당신은 화성인으로, 인사담당자인 나는 금성인으로 느껴지는 이유는 간단하다. 당신이 취업에 조급한 나머지 우리도 당신과 똑같은 사람이란 것을 잊어버렸기 때문이다. 다음의 말을 머릿속에 콕 집어넣고 서류전형을 준비할 때도, 면접을 볼 때도 기억하자.
"인사담당자도 사람이다. 그것도 아주 평범한 사람."

서류전형의 당락을 좌우하는
작은 실수들

대졸공채 신입사원 모집기간이 되면 각 계열사에서 차출된 인사담당자들은 한 장소에 집결된다. 그리고 한 방에 갇힌다. 그 방에서 탈출해 퇴근하는 방법은 수천 장의 자기소개서를 모두 읽어 선별을 마치는 길밖에 없다.

그런데 서류전형을 진행하다 보면 의외로 회사 이름이 잘못 쓰인 지원서를 많이 볼 수 있다. 예를 들어 LG전자에 지원서를 냈는데 자기소개서 중간에 '삼성전자'라고 쓰여 있고, 롯데마트에 제출한 지원서에 '이마트'라고 적혀 있는 식이다. 수십 곳의 회사에 묻지마 지원을 하다 보니 본문에 들어간 회사 이름을 수정하지 않은 채 지원서를 제출하는 것이다.

이런 자기소개서는 당연히 100퍼센트 탈락이다. 맞춤법의 오류나 오타도 마찬가지다. 아무리 인사담당자의 마음을 훔칠 정도로 잘 쓴 지원서라도 탈락할 가능성이 매우 높다. 왜 그럴까? 여기에는 지원자의 기본적인 태도와 자질 때문만이 아니라 좀 더 실질적인 이유가 있다.

서류전형에 합격한 지원자들은 앞으로 몇 번의 면접전형을 거치게 된다. 그리고 그 과정 중에는 임원 면접도 포함되어 있다. 면접 시 임원들의 책상에는 지원자의 자기소개서가 올려진다. 그런데 임원이 우리 회사가 아닌 다른 회사의 이름이 버젓이 들어간 지원서를 발견한다면 어떻게 될까? 게다가 그 회사 이름이 경쟁사라도 되는 날에는 날

벼락이 떨어진다. 특히 동일 업종의 경우 자기소개서 항목이 비슷하기 때문에 전에 써놓은 내용을 그대로 붙여넣는 사람이 많다.

입장을 바꿔서 생각해보라. 우리 회사 지원서에 경쟁사 이름이 쓰여 있다면 어떤 기분이 들겠는가? 점점 임원의 심기는 불편해지기 시작한다. 이런 와중에 오탈자 및 틀린 맞춤법이 보이기 시작한다면 상황은 더욱 심각해진다. 면접 후 바로 인사담당 부장이 불려갈 게 뻔하다. 임원에게 한소리 들은 부장은 인사담당자들을 소집한다. "지원서를 졸면서 읽었느냐, 지원자들 수준이 왜 이러냐!" 등 한바탕 난리가 예상된다. 회사원이라면 누구라도 상사를 화나게 만들고 싶지 않다. 그래서 우선적으로 회사 이름 오류, 오타, 맞춤법 실수가 많은 지원서는 당연히 1차 탈락 기준이 된다.

서류전형 마감일 다음 날이면 꼭 받게 되는 전화가 있다.

"어젯밤 11시 59분에 지원서 제출 버튼을 눌렀는데 오류가 나서 전송이 안 된 것 같아서요. 제출이 된 건지 확인할 수 있을까요? 만약 제출이 안 되었으면 어떡하죠? 서버 과부하 때문이니까 제 지원서 받아주셔야 하는 거 아닌가요?"

대충 이런 내용의 전화들이 쉴 새 없이 울려댄다. 미처 지원서 전송 버튼을 누르지 못했다는 지원자는 전화로 울먹이기까지 한다. 실제 접속자가 한꺼번에 몰리는 지원서 마감시간에는 서버 과부하로 사이트 접속에 문제가 발생하기도 한다. 그래서 이를 경고하는 팝업창을 띄워놓지만 아무 소용이 없다. 인사담당자로서 도무지 이해가 안 되는 부분이다. 도대체 왜 지원자들은 마감시한이 거의 다 돼서야 지원서를 제출하는 것일까? 추측건대 어려운 일은 최대한 나중에 하려는 '미루는 습관' 때문일 것이다.

나는 일요일 밤에 꼭 하는 일이 있다. 그 일을 마쳐야만 비로소 편안히 잠자리에 들 수 있다. 새로 시작하는 한 주 동안 '해야 할 일들', 즉 'To Do List'를 만드는 것이다. 'To Do List'는 직장인 열에 아홉은 걸린다는 '월요병'을 막아주는 나만의 예방주사다. 하지만 초반에는 이렇게 꼼꼼히 해야 할 일 목록을 만들어도 중요한 일을 미처 처리하지 못할 때가 많았다. 월요병보다 더 무서운 미루기 습관 때문이었다.

사람이면 누구나 힘들고 어려운 일 앞에 주저하기 마련이다. 그래서 "내일 하자. 오늘은 피곤하니 다른 일 해야지. 그 일은 다음에 하면 되지 뭐"라며 적당한 핑계거리를 만들곤 한다. 힘들고 어려운 일일수록 끝내는 데 시간이 오래 걸리기 때문에 자꾸 미루게 되는 것이다. 그래서 시간이 오래 걸리는 일은 우리가 해야 할 일들의 우선순위에서 자꾸만 뒤로 처지게 된다.

하지만 우리가 기억해야 할 것은 힘들고 어려운 일들의 대부분은 중요한 일이라는 것이다. 중요하기 때문에 그만큼 들이는 노력과 시간이 더 필요하다. 이런 일들을 미루고 쉬운 일부터 하다 보면 정작 중요한 일들은 저만큼 밀려나게 된다. 결국 시간을 많이 투자해야 하는 중요한 일들이 시간에 쫓기며 급하게 하느라 완성도가 떨어진다.
혹은 아예 기한 내에 할 수 없게 되어버리기도 한다.

울먹이는 지원자의 전화를 받을 때면 참 난감하다.
"정말 가고 싶은 회사인데 마감기한을 착각했어요."
"11시 59분에 제출 버튼 눌렀는데 오류가 났어요."
"제출 후에야 실수를 발견했는데 다시 작성하면 안 될까요?"
가끔은 안타까운 마음에 어떻게라도 해주고 싶은 마음이 든다. 하지만 다른 지원자와의 형평성을 생각하면 인사담당자들이 해줄 수 있는 일은 거의 없다.

중요한 일을 할 때는 그 일이 중요한 만큼의 많은 노력과 시간을 투자해야 한다. 쉬운 일을 하면서 마음의 안정을 찾는 사람들이 있는데 이것이야말로 정말 위험한 행동이다. 자기소개서를 쓰는 일은 대표적인 어렵지만 중요한 일이다. 그렇기 때문에 이 일을 어렵다고 미루기 시작하면 결국 위의 지원자들처럼 울먹이며 좋은 기회를 놓치게 될 수도 있다.

취업의 첫 관문은 서류전형 통과이다. 첫 관문을 뚫지 못하면 아예 면접의 기회조차 가질 수 없다. 결국 지원서 작성에 얼마나 공을 들이며 내공을 쌓는지가 취업의 첫 관문을 뚫을 수 있을지 없을지를 판가름한다.

다음은 출판시장의 불황 속에서도 출간 1년 만에 누적 판매 200만 부를 돌파한 혜민 스님의 《멈추면 비로소 보이는 것들》의 비하인드 스토리다.

"많은 분들이 《멈추면 비로소 보이는 것들》을 통해 저를 알고 계시지만, 사실 《젊은 날의 깨달음》이란 첫 책이 있었기에 두 번째 책을 쓸 수 있었어요. 그보다 앞서는 승려가 된 지 2~3년밖에 안 됐을 때 불교계 신문에서 젊은 시각으로 글을 써달라는 요청을 받아 연재를 하면서 글을 쓰기 시작했죠. 3년 정도 글을 연재하니까 책 한 권 분량이 나오더라고요. 책을 내고 싶다는 꿈이 있어서 큰 출판사 몇 군데에 글을 보냈는데 다 거절당했어요. '꿈은 쉽게 이룰 수 없구나'라는 생각을 했지만 어디서든지 시작을 하기로 했죠. 그래서 은사 스님이 하시는 소규모 출판사에서 책을 냈어요. 물론 지금처럼 많이 팔리지는 않았지만 책을 내는 과정과 그 이후를 살펴보면서 많은 것을 배웠고 통찰력도 생겼죠. 그런데 우연히 외로워서 시작한 트위터가 인기를 끌게 되었고 얼마 되지 않아 약 스무 군데의 출판사에서 책을 내자고 연락이 오더라고요. 그중 한 곳을 선택한 기준은 '편집자가 내 책을 내는 데 의미와 재미를 느끼고 있는가, 내가 이곳에서 의미와 재미를 찾을 수 있는가?'였죠.

꿈이 잘 이뤄지지 않는다고 해도 좌절하지 말고 어디에서든지 시작을 해야 합니다. 꿈만 간직하고 있다면 지금 어느 자리에 있든지 그것을 기반으로 다음 단계로 올라갈 수 있어요. 첫 시작이 있어야 두 번째 시작이 있습니다."

우리는 종종 성공의 결과만 보고 막연히 부러워하거나 그 사람은 운이 좋았다고 쉽게 생각해버린다. 하지만 성공한 사람들은 그 성공 이전에 이미 충분한 준비와 노력으로 내공을 쌓아왔다. 취업에 성공하고 싶다면 부단한 노력과 오랜 시간을 투자해 자기소개서를 작성해야 한다.

'첫 시작이 있어야 두 번째 시작이 있다'는 혜민 스님의 말처럼 자기소개서는 일단 무조건 쓰고 봐야 한다. 자기소개서에도 초고가 있다. 정말 들어가고 싶은 회사에 낸 자기소개서가 미숙한 초고 버전이어서는 안 된다. 여러 회사에서 서류전형 탈락 이메일을 받으며 계속 실패해보자. 대신 그 과정 속에서 끊임없이 고민하고 연구하여 자기소개서 초고를 지속적으로 업데이트하자. 그런다면 그동안의 실패는 더 이상 실패가 아닌 비로소 '의미 있는 경험'으로 바뀌게 될 것이다.

Q. 토익 750, 학점 2점 후반, 어학연수 경험 무. 제 스펙에 지원해도 될까요?

A. 이렇게 묻는 분들 많이 만났습니다. 그래서 그분들의 속마음도 잘 알게 되었습니다.

"토익 점수 몇 점, 학점 몇 점, 어학연수 무. 제 스펙은 이러한데 지원해도 될까요?"

이런 질문을 하는 분들은 대체로 본인의 과거에 자신이 없는 사람들입니다. 즉 나는 영어 공부도 안 했는데, 학교생활도 충실히 안 했는데, 영어점수와 학점도 나쁜데 어학연수는 무슨…. 그런데 졸업반이 되고 보니 취업은 해야겠고 불안해 미칠 노릇입니다. 그래서 위와 같은 질문을 합니다.

회사에서 토익, 학점, 어학연수 경험 등을 묻는 것은 단순히 점수를 알기 위해서가 아닙니다. 그 점수를 통해서 개인의 성실성, 목표 달성 능력 등을 보고 싶어서입니다. 지원자들이 정말 다양하기 때문에 일일이 파악할 수가 없어서 장치를 걸어놓은 것입니다.

따라서 토익 점수 없고, 학점도 낮고, 어학연수는 안 다녀왔지만 다른 것으로 본인의 성실성과 목표 달성 능력을 보여줄 수 있다면 괜찮습니다. 자기소개서에 자신만의 장점을 충분히 표현하면 됩니다.

하지만 특별히 한 것도 없이 토익도 낮고, 학점도 낮다면 문제가 됩니다. 도대체 그럼 무엇을 했단 말입니까?

당연히 토익, 학점만 높고, 어학연수만 다녀온 사람도 문제가 됩니다. 요즘에는 그런 지원자들이 많기 때문입니다. 즉 너무 평범해서 전혀 매력적으로 보이지 않습니다. 개인적으로는 자신만의 것을 하느라 토익 공부할 시간이 없었고, 학점 챙길 여력이 없었고, 어학연수에 관심이 없던 사람이라면 더 좋겠습니다.

그리고 지원해도 되냐고 묻지 마십시오. 지원해도 되냐니요! 세상에 그런 질문이 어디 있습니까? 지원 안 하면 그야말로 아무런 기회가 없는 겁니다. 여러분은 뜨거워야 할 청춘입니다. 실패할까 봐, 그래서 상처받을까 봐 먼저 포기하지 말고 이글이글 타오르는 열정으로 부딪쳐보는 겁니다. 청춘이기에 실패하면 다시 도전하면 되고, 청춘이기에 떨어져도 다시 시도할 수 있고, 청춘이기에 생채기가 나도 빨리 아물 수 있습니다. 여러분은 그런 청춘입니다. 미쳐야 할 청춘이란 말입니다.

이름 보고 대학 가니 행복하던가

　삼성, LG, 현대, SK, CJ, ○○공기업, ○○공단…. 지원서를 넣어보고 싶은 회사가 참 많기도 하다. 하지만 내가 그런 생각이 든다면 남들도 그런 것이 당연하다. 대학시절, 여자는 무조건 공기업에 가야 한다는, 현재까지도 모 공단에 근무하시는 작은아버지 말씀에 1년을 토익만 공부하며 살았다. 한참 토익 인플레이션이 심하던 당시, 공기업에 가려면 거의 만점에 가까운 토익 점수를 받아야 했다. 그렇게 꼬박 1년을 토익과 함께 보냈다.

　목표대로 토익 점수를 올렸다고 해도 다음 관문은 자기소개서다. 취업준비생들은 입을 모아 자기소개서 항목들 중 '지원동기 및 포부'가 가장 어렵다고 말한다. 그저 회사 이름만 보고 막연히 지원서를 썼으니 그 회사에 대한 정확한 지원동기도, 입사 후 이루고 싶은 원대한 포부도 없는 것이 당연하다.

　자기소개, 성격의 장단점, 살아가면서 이룬 성과 등은 대충 복사하여 붙여넣기로 계속해서 써먹을 수 있지만, 유독 그럴 수 없는 부분이 지원동기 및 포부다. 그렇기 때문에 우리 인사담당자들은 이 부분에 가장 큰 배점을 준다.

　당신이 막연히 스펙 열풍에 편승해 토익을 준비하고, 봉사활동을 하고, 어학연수를 다녀오고, 공모전 수상 경력이 있어도 인사담당자들 눈에는 그저 평범한 스펙일 가능성이 높다. 요즘 인사담당자들은 최강의 스펙을 자랑하는 지원자들을 만나도 그저 무덤덤할 뿐이다.

화장발, 성형발, 조명발에 이은 스펙발에 이미 여러 번 속았기 때문이다. 그래서 스펙이 아닌 지원동기 및 포부를 눈여겨본다.

지원동기 및 포부는 회사 이름이 아닌 본인이 하고 싶은 직무를 구체적으로 알고 있어야 제대로 작성할 수 있다. 인사담당자들은 채용 시즌에 하루에도 수백 장의 지원서를 읽는다. 일부 학생들은 우리가 자기소개서도 안 읽고 스펙 기준으로 줄을 세운다고 알고 있지만 생각보다 회사라는 곳에는 막노동(?) 업무가 많다. 정말 다 같이 모여 밤늦게까지 수많은 자기소개서를 나눠 읽는다. 물론 한 장을 읽는 데 걸리는 시간은 채 5분도 안 되지만 말이다. 수많은 지원서를 읽으면서 생긴 인사담당자들만의 노하우라 할 수 있다. 이 일을 계속 하다 보면 그저 그런 '묻지마' 지원서를 30초 이내에 걸러낼 수 있다.

꼭 자기소개서의 통과를 위해서가 아니라도 회사 직무는 많은 시간을 들여 고민을 해봐야 한다. 지금은 취업이 세상의 전부인 것 같지만 지나고 나면 삶의 최대 목표가 아니기 때문이다.

당신의 고등학교 3학년 시절을 잠시 떠올려보자. 대학만 들어가면 꿈같은 파라다이스가 펼쳐질 것이라고 생각했을 것이다. 필자의 아버지는 대학만 들어가면 '미팅 100회 돌파 기념파티'를 열어줄 테니 고등학교 졸업 전까지는 오로지 공부만 하라고 강조했다. 하지만 정작 대학에 입학한 후 아버지는 '미팅 100회 돌파 기념파티'는 고사하고 아버지 친구 아들조차 소개 한 번 안 시켜줬다. 나처럼 이렇게 우리는 모두 속았었다. 수능 시험 후 낙원과 같은 대학생활이 아닌 취업 준비라는 지옥에 또 갇힌 것이다.

입사도 마찬가지다. 당장 취업이 절박한 우리들은 입사만 하면, 저 회사에만 들어가면 천국의 문이 열리고, 불행 끝 행복이 시작될 것 같다. 하지만 어렵게 들어온 회사를 1년 이내 그만두는 신입사원의 비율은 평균 30퍼센트를 웃돈다. 열 명 중 세 명은 자발적으로 회사를 나가는 것이다. 왜 그럴까? 그들에게 무슨 일이 생긴 걸까? 그들이 맹목적으로 '저 대학에 들어가고 싶다'며 공부하던 고3 시절과 똑같은 식으로 취업을 준비했기 때문이다. 하지만 정작 입사를 하면 전공이 맞지 않아 방황하던 캠퍼스 시절처럼 신입사원 사춘기를 겪게 된다.

회사는 당신이 생각하는 것보다 훨씬 더 치열한 곳이다. 해야 하는 일이 있고, 그걸 보고해야 하는 상사가 있으며, 내가 내야 하는 성과가 지표로 관리된다. 정해진 근무시간뿐 아니라 가끔씩 혹은 매주 주말까지도 출근을 한다. 그런 곳이 회사다.

학부시절에는 전공이 내 적성과 맞지 않아도 그럭저럭 버틸 만했을 것이다. 매일 가는 것도 아니고 가기 싫은 날은 안 가면 그만이었다. 하지만 회사의 직무는 차원이 다르다. 잘못했다가는 하루 8시간, 주 40시간, 월 160시간, 연 4,992시간 동안 싫은 일을 억지로 참으며 괴롭게 보내게 된다. 그렇기 때문에 내가 하고 싶은 일의 종류를 입사 전부터 깊이 생각하는 것이 필요하다.

물론 신입사원이 처음부터 원하는 업무만 할 수는 없다. 하지만 직장생활 1~2년만 하고 그만둬야지 하고 생각하는 사람은 거의 없지 않은가! '과장까지만 달고 그만둬야지'라고 생각하는 사람도 최소 10

년 세월을 회사에서 보내야 한다. 그렇게 당신의 가장 빛나는 20대 후반과 30대 초중반을 그 회사에서 그 일을 하면서 보내게 될 것이다. 그런데도 직무가 아닌 회사의 유명세만 따져서는 또 다른 지옥이 시작될 게 뻔하다.

대부분 회사 이름은 검색하면서 어느 회사나 공통적으로 있는 부서의 직무는 잘 모른다. 요즘에는 대부분의 회사 홈페이지에서 채용과 관련해 직무를 소개하고 있다. 따라서 다양한 회사의 직무 소개를 꾸준히 본다면 진로 선택에 많은 도움이 될 것이다. 회사의 사업 영역에 따라 같은 직무라고 해도 하는 일이 다르기 때문에 대표적인 공통 직무들만 뒤에 간단히 소개한다.

그전에 다시 한 번 언급하겠다. 묻지마 지원서를 작성하는 시간과 노력을 내가 하고 싶은 일을 고민하는 쪽으로 돌려보자. 몇 달만 이 질문을 안고 일상을 살아간다면 막연하게나마 내가 하고 싶은 직무가 무엇인지 알 수 있을 것이다.

정 모르겠다면 회사에 다니고 있는 선배에게 밥 한 번 사달라는 핑계로 전화를 걸어보자. 나의 강점과 단점을 잘 알 만큼 친한 선배로 골라야 한다. 그리고 그 선배의 회사 생활 이야기도 들어보자. 또 "선배, 내가 회사원이 되면 어떤 직무랑 잘 어울릴까요?"라는 질문을 던져보자. 평소 당신에 대해 잘 알고, 회사 생활도 해본 그 선배야말로 내게 딱 맞는 직무를 찾는 데 좋은 힌트를 줄 수 있는 사람이다.

부서의 종류와 하는 일

영업	고객, 상권, 판매, 경영을 전반적으로 관리한다.
마케팅 전략	브랜딩 전략 수립 및 고객 커뮤니케이션 콘셉트를 도출한다.
마케팅 기획	영업 현황 및 판매지표를 관리하고 시장 환경 분석을 통해 마케팅 전략을 수립한다.
상품기획	콘셉트 도출을 통한 상품 전략 수립 및 상품기획 프로세스를 전파한다.
고객 서비스	고객 접점 서비스를 제공하고, 고객 만족 경영을 위해 고객 자료 수집 및 서비스 전략을 세워 실행한다.
홍보기획	기업 이미지 제고를 위한 홍보매체 선정 및 홍보 전략 수립 업무를 담당한다.
사업부 총괄	영업 전략 수립 및 영업활동 지원을 담당한다.
생산관리	생산계획에 따른 매출 계획 및 분석을 담당한다.
물류관리	제품의 보관 및 배송 과정에서 발생되는 일련의 과정을 통제/관리하는 업무를 담당한다.
경영기획/전략	경영 환경 정보 분석을 통한 중장기 전략 방향 설정 및 사업 포트폴리오 수립과 신규 사업 기획 업무를 수행한다.
인사기획	인사정책의 방향과 전략을 기획하며 직무분석을 통한 각 부서별 인력을 산정하고 적정 인력의 배치, 평가, 승격을 담당한다.
급여관리	급여체계를 설계하고 급여 프로그램 데이터 관리를 통한 급여 지급을 담당한다.
인재개발	인재를 채용하고 인재육성 교육체계를 수립해 실행한다.
재무/회계	전표처리 및 재무제표 등의 결산자료를 작성하며 전사적 자원관리 시스템(ERP) 관리 및 개선 업무를 담당한다.
총무	회사의 사무공간과 각종 물품의 공급 및 관리를 총괄한다.
법무	회사 경영상 대외기관과 발생하는 법률과 행정 업무를 처리한다.

Q. 이제 막 취업준비를 시작하는 사람입니다. 직무와 직종을 아는 것이 중요하다고 하셨는데, 얼마나 알아야 하나요? 직무에 대한 이해도는 부족해도 열정만 보고 뽑은 경우도 있나요?

A. '직무에 대한 이해도는 부족한데 열정만 있다'는 혹시 성실하다는 뜻인가요? 그런데 그렇게 성실한 사람이 왜 그토록 원하는 회사에서 자기가 어떤 업무를 하고 싶은지를 아는 것에는 불성실한 걸까요? 앞뒤가 맞지 않는 질문이라는 생각이 듭니다.

물론 아직 사회생활을 시작하지 않았기 때문에 직무와 직종이 막연하고 어떻게 접근하는 것이 맞는지 잘 모를 수 있습니다. 하지만 너무 어렵게 생각하지 않았으면 합니다.

예를 들어 같은 경영학과 학생이라도 어떤 사람은 유독 마케팅 과목이 재미있을 수 있고, 같은 과 친구라도 어떤 사람은 마케팅보다 재무나 회계 공부가 더 재미있을 수 있습니다. 대체로 마케팅 분야를 좋아하는 사람은 재무, 회계는 싫어하는 과목이고 재무, 회계를 좋아하는 사람은 마케팅 과목이 싫습니다. 그렇다면 마케팅에 관심이 있는 경영학과 사람은 회사의 마케팅, 홍보, 전략 업무가 잘 맞을 수 있습니다. 재무나 회계를 좋아하는 사람은 기업의 재무, 회계, 손익, 경영관리 업무가 잘 맞을 것입니다.

이처럼 회사가 원하는 직무에 대한 이해도는 기준이 높지 않습니다. 다만 본인이 잘할 수 있는 일이 무엇인지를 스스로 파악하고 있는지가 중요합니다. 요즘 거의 모든 기업 홈페이지에는 해당 기업의 직무와 하는 일이 비교적 잘 설명되어 있습니다. 열정이 있는 사람이라면 지원 회사의 홈페이지에 나와 있는 메뉴들은 다 읽어보았을 테니 '직무에 대한 이해도는 부족해도 열정이 있다'는 말을 하지 않을 것 같습니다.

자, 다시 잘 생각해봅시다. 잘 모르는 것인지, 아니면 내가 잘 알고자 하는 노력을 하지 않은 것인지 말이죠.

Q. 인적성의 기준, 합격에 미치는 영향은 어느 정도입니까?

A. 인적성에 대한 기준은 회사마다 매우 다양합니다. 회사에 따라 인적성 시험에 떨어진 사람은 면접의 기회조차 주지 않는 곳도 있고, 면접을 함께 진행하면서 참고 점수로만 사용하는 곳도 있습니다. 몇몇 지원자들은 인적성 검사 때 문제를 다 풀지 못하면 이른바 '찍기'를 하고 나오기도 합니다. 하지만 회사에 따라 모르는 답을 마구잡이로 찍어 오답이 많아지면 그냥 빈칸으로 두고 시험을마쳤을 때보다 감점이 크기도 합니다.

즉 기업에서 인적성 검사를 하는 이유는 단순히 높은 점수로 지원자를 가리기 위한 활동이 아니라는 말입니다. 그야말로 인성과 적성을 알아보는 인적성 검사 아닙니까! 시중의 인적성 검사 기출문제를 푼다고 해서 갑자기 나의 인성, 적성이 눈에 띄게 좋아지는 것도 아닙니다. 학창시절부터 시험과 그 결과로 인한 점수에 너무 익숙해져 있어서 인적성 검사 당시 긴장을 하는 경우가 많습니다. 하지만 시험이 아니라 검사이기 때문에 차분하게 솔직한 답변을 하면 됩니다. 또한 인적성에서 탈락했다고 인성이 나쁘다는 뜻이 아닙니다. 당장 그 회사가 원하는 인재상이 나와 맞지 않을 뿐입니다. 인적성에 너무 '쫄지' 마세요.

스토리가 있는 자기소개서는
담당자의 마음을 울린다

내가 고등학생이던 때에는 개인 과외를 받는 학생들이 많지 않았다. 그러다가 대학생이 되고 나니 고등학생 대부분이 개인 과외를 받았다. 지금의 고등학생들은 과목별로 과외 선생님을 따로 두고 있다. 대학시절 4년 내내 나의 고소득 아르바이트이던 과외의 생태계 변화 추이를 보면서 새삼 '세상 참 빠르게 변하는구나!'를 느낀다. 그런데 과외 말고도 내게 세상의 빠른 변화를 실감하게 해주는 것이 한 가지 더 있다. 바로 '취업'이다.

내가 취직할 당시만 해도 '취업 컨설턴트'는 흔치 않은 직업이었다. 그런데 요즘에는 구직자들이 자기소개서를 잘 쓸 수 있도록 도와주고 첨삭까지 해주는 취업 컨설팅 회사들이 많이 생겨났다. 그만큼 취업준비생들이 자기소개서 작성에 큰 어려움을 겪는다는 의미일 것이다.

자기소개서 작성의 어려움은 크게 두 가지로 압축된다.

첫째, 할 말은 많으나 글 솜씨가 부족한 경우.

둘째, 아예 자기 자신에 대해 할 말이 없는 경우.

글 솜씨가 부족한 첫 번째 경우는 비교적 짧은 시간에 스스로의 노력으로 충분히 극복이 가능하다. 입사지원서는 한 권의 책을 쓰는 것이 아니다. 대부분 1,000자 내외로 글자 수가 제한되어 있다. 물론 제한된 글자 수 내에 자신을 표현하는 것이 더 어려울 수 있다. 하지만 이것은 글을 잘 쓰는 사람도 마찬가지다. 부족한 글 솜씨를 탓하기 전에 스스로 자기소개서 쓰기에 투자한 시간을 객관적으로 따져보자. 글을 쓰는 중간 중간 전화, 문자, 카카오톡, 페이스북, 트위터, 인터넷, 티타임 등에 보낸 시간을 빼고 정확하게 측정해보자. 과연 당신은 하루 중 몇 시간을 자기소개서 쓰기에 투자했는가?

출간된 지 20년이 넘은 현재까지도 독자들의 큰 사랑을 받으며 200쇄 돌파라는 대기록을 세운 소설이 있다. 바로 조정래 작가의 《태백산맥》이다. 이 소설 한 편에 등장하는 인물만 해도 400명이 넘는데 그 많은 소설속의 인물을 미리 구상하며 글을 썼다고 하니 감탄이 절로 나온다. 그는 글쓰기를 '자기와의 싸움'이라 표현했다.

보통 대하소설은 뒤로 갈수록 지루해진다고 한다. 그 이유는 작가가 시간이 지나면서 늙고 지치기 때문이다. 그래서 그는 이 문제를 극복하고자 하루 16시간씩 글을 썼다. 실제로 20년 동안 먹고, 자고, 쓰는 일에만 몰두해서 그동안 술 한 번 마신 적이 없을 정도였다고 한다. 외출도 1년에 한두 번이 고작이었는데 그러다 보니 몸에 이상이 생기기 시작했다.

"《태백산맥》을 반쯤 썼을 때 두 다리가 퉁퉁 부어오르는 느낌에 등이 뻐근하고 쑤시다 못해 조각조각 갈라지는 통증이 왔다. 또 《아리랑》을 반쯤 썼을 때는 오른쪽 어깨 관절이 어긋나 팔이 마비되는 바람에 글을 쓸 수 없는 지경에 이르렀고, 위궤양 및 탈장도 생기게 되었다."

작가가 얼마나 지독히 글쓰기에 몰입했는지 알 수 있는 대목이다. 물론 조정래 작가처럼 글을 쓰라는 것은 아니다. 그렇다고 해서 자기소개서를 쓰는 일이 대하소설을 쓰는 것보다 못한 일도 아니다. 자기소개서를 쓰는 것은 다름 아닌 자신의 '인생 스토리'를 집필하는 것이기 때문이다.

다음은 회사마다 공통적으로 요구하는 자기소개서 항목들이다.

- 자기소개
- 성격의 장단점
- 살아오면서 겪은 실패와 이를 극복하기 위해 한 일
- 특기 및 교내외 활동
- 입사동기 및 포부
- 향후 어떻게 회사에 기여할 수 있는가

항목들의 공통점을 찾았는가? 이것들은 모두 내 인생 스토리에 관련한 질문들이다. 시간이 흘러 당신이 자서전을 쓴다고 하자. 자서전은 그동안 살아온 삶을 뒤돌아보며 자신의 인생을 한 권의 책으로 펴내는 것이다. 이 일을 위해 당신은 기꺼이 몇 달을 아니 몇 년의 시간을 쏟아부을 수도 있다.

자기소개서를 '20대에 미리 써보는 자서전'이라고 생각하자. 성공한 사람들이 자서전을 쓰는 이유 중 하나는 여태까지 앞만 보고 달려온 삶을 한 번 되짚어보기 위함이다. 20대 때 미리 써본 자서전, 즉 '자기소개서 작성'은 미래 삶의 큰 방향을 제시해줄 것이다.

아예 자기 자신에 대해 할 말이 없는 두 번째 경우는 생각의 관점을 바꿀 것을 제안한다. 생각의 관점을 바꾸는 데 가장 효과적인 방법은 'Why? 놀이'다. 5~6세 자녀나 조카를 가진 사람이라면 누구나 끊임없이 "왜?"라고 묻는 아이의 질문공세에 힘들었던 경험이 있을 것이다. 처음에는 찬찬히 설명해주려고 애쓰지만 계속되는 "왜?" 때문에 결국 "나도 몰라"라며 포기하게 된다. 다음은 한 미국 시트콤에서 본 아빠와 어린 딸의 대화다.

"아빠, 밖에 나가서 놀아도 돼?"

"안 돼."

"왜?"

"지금 새벽 5시잖아. 너무 일러."

"왜?"

"아직 해가 안 떴으니까."

"왜?"

"왜냐면 해는 좀 더 나중에 뜨니까."

"왜?"

"지구가 자전을 해서 얼마간 돌면 해가 지평선에서 뜰 거야."

"왜?"

"아빠도 몰라."

"왜?"

"학교에서 제대로 공부를 안 해서 그래. 수업시간에 잘 안 들었어."

"왜?"

"왜냐면 항상 정신이 몽롱했거든. 마약을 너무 많이 했어."

"왜?"

"그렇게 해도 별 문제가 없을 줄 알았거든."

"왜?"

"내 인생이 어떻게든 되겠지, 라고 생각했거든. 그리고 네 엄마를 만났고 네가 태어났고 지금은 차 수리 센터에서 일하고 있지."

"왜?"

"지금 더 좋은 직업을 가지기엔 너무 늦었고 거기다 네 엄마가 돈을 더 잘 버니까 아빠가 집에서 널 챙겨주는 거야. 아빠가 버는 돈은 쥐꼬리만큼도 안 되니까."

"왜?"

"공장의 사정이라는 게 말이야, 미국 땅엔 제대로 된 직장이 별로 없거든."

"왜?"

"한동안은 일자리가 있었지. 예전엔 운이 좋았던 거고 지금은 운이 나쁘니까."

"왜?"

"세상 물정이란 그런 거야."

"왜?"

"하느님이 돌아가셔서 그래."

"······."

"그래, 졌다. 나가자."

시트콤의 아빠는 계속되는 딸의 질문에 충실히 대답해주었다. 평범한 일상생활 속 대화는 14번의 "왜?"를 통해 아빠의 과거 삶까지 이어지게 된다. 이것이 'Why'가 가진 힘이다. 끊임없이 묻다 보면 전과는 다른 생각을 할 수 있을 뿐 아니라 전혀 생각하지 못하던 나를 발견할 수도 있다.

당신이 살아온 20년 넘은 그 긴 시간에 대해 할 말이 없는가? 그렇게 생각하는 이유는 아마 이 두 가지 때문일 것이다. 내 삶의 무수한 이벤트들을 시간이 지나면서 잊어버렸거나, 그 일들에 가치 있는 의미 부여를 하지 않아서다. 자기소개서를 쓰기 전에 자신에 대해 그리고 내가 겪은 수많은 경험들에 대해 열 번만 "왜?"라고 질문해보자. 생각의 관점을 바꾸게 되는 좋은 시작점이 될 것이다.

앞서 말한 지독한 몰입의 표본, 조정래 작가는 이렇게 말했다.

"남보다 5분 먼저 일어나고, 5분 먼저 행동하라."

남보다 5분 먼저는 실행하기 어렵거나 대단한 결심이 아니다. 이처럼 변화를 꾀하는 데 있어 그 계획은 결코 거창하거나 멋있는 것이 아니어도 된다. 단지 계획한 것을 묵묵히 성실히 이행해나가면 그걸로 충분하다.

당신은 당신 삶의 조연이 아닌 주인공이다. 회당 원고료 1억 원이라는 파격적 대우를 받는 드라마 작가는 김수현이 유일하다. 지금 당신이 작성하는 자기소개서가 한 회당 1억 원을 받는 김수현 작가의 원고라고 생각해보자.

'쳇, 자기소개서가 1억은 무슨!'이라며 무시하지 말자. 그 자기소개서가 통과되는 순간 당신은 매년 몇천만 원의 연봉을 몇십 년 동안 받게 될 수도 있으니 말이다. 신입사원 초봉을 3,000만 원이라고 가정하면 3년 동안 1억 원에 가까운 돈을 벌게 되는 것이다. 뇌는 우리의 감정대로 움직인다고 한다. '쓰기 싫다'라는 생각을 하는 순간 뇌는 자기소개서 쓰는 일을 하기 싫지만 억지로 하는 부정적인 일로 인식하게 된다. 이런 뇌 상태에서 좋은 글이 나올 리가 없다. 이제부터 자기소개서를 젊을 때 미리 써보는 나만의 자서전이며, 회당 1억 원을 받는 값비싼 원고라고 생각하자. 이제 작가가 글을 쓰듯 나만 쓸 수 있는 나의 스토리를 써나가보자.

Q. 토익 점수의 하한선이 몇 점인가요?

A. 제가 입사를 준비할 당시만 해도 토익 점수의 커트라인이 존재했습니다. 어떤 회사에 들어가기 위해서는 최소한 몇 점은 되어야 한다가 존재했고 그 점수가 입이 딱 벌어질 만큼 꽤나 높았습니다. 제가 토익 공부하는 데 꼬박 1년을 쏟았던 이유입니다. 하지만 제 인생을 통틀어 가장 아까운 1년이었습니다. 차라리 그 기간을 진짜 영어를 공부하는 데 썼더라면 나중에 사회에 나와 영어 공부하느라 조금 덜 힘들었을 텐데 말입니다.

토익이 변별력이 없다거나 흉을 보고자 하는 말이 아닙니다. 다만 저는 당시 오로지 시험 점수만을 위해 기출문제를 풀고 문법 공식들을 외우는 데 많은 시간을 보냈습니다. 즉 영어라는 언어의 큰 틀에서 토익을 공부한 것이 아니라 그저 토익이라는 시험 점수만을 보고 좁은 공부를 한 것입니다. 그런 좁은 공부에 투자한 시간이 1년이라니 너무 아깝기만 합니다.

다행히 요즘은 세상이 많이 좋아졌습니다. 저와 비슷한 경험을 한 사람들이 시간이 흘러 인사담당자들이 되어서인지 많은 기업에서 입사 지원 시 토익 점수 커트라인을 폐지하고 있습니다. 제가 현재 일하는 회사에서도 토익 점수는 입사 지원을 위한 필수 요소가 아닙니다.

하지만 그렇다고 해서 영어를 못해도 된다는 의미로 오해하지 않았으면 합니다. 많은 기업들이 토익 점수 대신 원어민 영어면접을 도입하고 있으니 말입니다. 많은 사람들이 회사 구성원 모두가 영어를 필요로 하는 부서에서 일하는 것도 아닌데 왜 영어 점수를 요구하느냐고 볼멘소리를 하기도 합니다.

하지만 이렇게 생각해봅시다. 나중에 영어가 필요한 부서에 가야 하면 어떻게 하죠? 이왕 같은 조건이라면 회사에서는 향후 영어가 필요한 부서에서도 근무가 가능한 사람을 뽑고 싶지 않을까요? 뿐만 아니라 우리는 지금 글로벌 시대에 살고 있습니다. 인터넷과 국제화 흐름에 전 세계는 이미 하나의 생활권이 되었지요. 그 생활권의 지식과 문화를 이용하고 그곳에서 비즈니스를 해나가려면 분명 영어가 필요합니다. 기업은 현재만 보지 않습니다. 앞으로 세계에서 활약할 미래를 구상하고 있습니다. 그래서 수많은 기업들이 지원자들에게 영어 실력을 요구하는 것입니다.

토익에만 매달릴 때가 아닙니다. 영어라는 언어에 시간을 투자하세요. 그리고 자신을 글로벌 인재로 포지셔닝하는 데 투자하세요.

스펙에 대한
인사담당자의 솔직한 뒷담화

요즘에는 취업 관련 인터넷 사이트 및 온라인 커뮤니티들이 많이 있다. 구직자들을 위해 만들어진 그곳에는 사실 취업준비생들만 있는 것이 아니다. 인사담당자들의 즐겨찾기에도 그곳이 있다. 거기에서 가장 흔하게 볼 수 있는 글들은 아래와 같다.

"스펙 때문에 떨어졌어요."
"제 스펙 좀 봐주세요."
"스펙 올리느라 휴학했어요."

스펙, 스펙, 또 스펙…. 취업 관련 카페가 아니라 스펙 카페인 듯한 착각이 들 정도다. 그래서 인사담당자인 나 스스로에게 물어보았다.

나는 스펙 좋은 신입사원들과 일하고 싶은가?

물어보고 할 것도 없이 내 대답은 No!다. "Never ever, NO! NO! NO!"란 말이다. 정작 기업의 인사담당자들은 이렇게 아니라고 하는데도 왜 우리의 취업준비생들은 스펙 사냥에 여념이 없을까?

'스펙'은 직장을 구하는 사람들 사이에서 학력, 학점, 토익 점수 따위를 합한 것을 이르는 말이다. 영어 Specification을 줄여 부르게 된

이 스펙은 2004년에 국립국어원 신어 자료집에 수록되어 국어사전에서도 찾아볼 수 있다. 그 정도로 우리 주변에서 흔히 들을 수 있는 단어가 된 것이다.

내가 스펙 좋은 친구들과 같이 일하고 싶지 않은 이유는 그동안 여러 번 맞은 '뒤통수 효과' 때문이다. 뒤통수 효과는 스펙 믿고 뽑았던 신입사원의 자발적 퇴사 때문에 인사담당자가 더 이상 스펙 후광효과를 믿지 않게 된 현상을 두고 우리끼리 하는 말이다.

정직원 채용으로 이어지는 인턴십을 운영하다 보면 최강 스펙군단을 만나게 된다. 그들은 내로라하는 학교 출신에 학점도 높고, 토익뿐 아니라 영어회화 실력도 대단하다. 어디 그뿐인가! 중국어 등의 제2외국어는 물론이거니와 공모전 수상 경력도 화려하다. 그들은 말도 잘할뿐더러 예의도 바르다. 인턴십 시작과 동시에 내게 친근하게 다가와 반짝이는 눈으로 회사 관련 질문도 많이 한다. 마치 입사할 것처럼 말이다. 하지만 그들은 인턴십 도중 혹은 인턴십이 끝나면 월급만 챙겨서 바로 어디론가 사라져버린다.

"젠장, 또 속았다."

내 뒤통수는 알싸하게 아파온다. 솔직히 예전에는 이런 생각을 한 적도 있었다.

"역시 명문대 출신에 학점 좋고 외국어 준비도 착실히 한 스펙고수가 회사에서 일도 잘하지 않겠어?"

하지만 많은 인사담당자들은 이미 스펙고수들에게 뒤통수를 여러 번 맞은 아픈 기억이 있다. 서서히 스펙으로 취직하는 시대가 끝나가고 있는 것이다.

많은 회사들이 출신학교, 학점, 공모전, 토익, 해외연수로 압축되는 '스펙 5종 세트'에 대한 기준을 버리고 있다. 아래는 기업들의 탈 스펙 채용 트렌드를 뒷받침하는 기사의 일부분이다.

최근 국내 기업들은 기존의 서류와 필기시험, 면접이라는 형식에서 벗어난 지 오래다. 새로운 채용 방식 가운데 오디션 형식으로 원하는 인재를 가려내는 방식이 눈길을 끈다. SK그룹의 바이킹 챌린지가 대표적이다. 구직자는 오디션 형식을 통해 면접관 앞에서 자신의 인생 스토리를 소개한다. 지난달 열린 오디션에는 14개국 무전여행 지원자, 자신이 디자인한 시계로 1인 창업에 도전한 지원자 등이 참가했다.

KT 역시 올해 '올레 오디션'을 새로운 채용 방식으로 내세웠다. 역시 오디션 방식으로 자신의 이력과 열정을 소개한 지원자를 추린다. 지원 서류에 학점, 토익 점수 등 스펙을 채우는 공간도 사라졌다. 효성그룹도 수험표와 이름을 제외한 학력, 출신지역, 전공 등의 정보를 배제한 '블라인드 면접'을 치른다. 한화 역시 대기업 중 처음으로 인적성 검사를 폐지했다. 두산그룹은 신입사원 채용 서류전형에 학점 기재란 없이 회사가 원하는 인재상과 역량을 확인하기 위해 온라인 설문을 됐다. 포스코가 인턴채용 지원 서류에 학력, 출신교, 학점, 사진 기재란을 삭제하고 자신의 스토리를 서술한 에세이를 제출토록 한 것 역시 맞춤 인재를 선발하려는 노력이다.

LG그룹은 1995년 처음 시작된 대학생 해외탐방 프로그램인 'LG

글로벌 챌린저'를 통해 스펙과 상관없는 채용에 나섰다. 대학생들의 해외 탐방보고서 심사와 프레젠테이션을 거쳐 졸업예정자는 신입사원, 재학생은 인턴사원으로 선발했다.

역동적인 경영 이면에 보수적 인재채용으로 이름났던 현대차도 채용 방식을 화끈하게 바꿨다. 지원서에 사진을 넣는 공간이 없다. 여기에 부모님 주소, 제2외국어 구사능력, 고교 전공 표시란 등도 없다. 또 얼굴이 가려진 상태에서 모의 면접을 보는 '5분 자기 PR'을 도입하기도 했다. 재계의 채용 트렌드를 이끌었던 삼성그룹도 독특한 채용으로 유명하다. 스펙 순위로 합격자를 추려내는 일반 서류전형과 달리 일정 요건을 갖춘 지원자 모두에게 삼성 직무적성검사인 SSAT에 응시할 기회를 줬다.

〈이투데이〉, 2013.5.27, '기업들 바뀐 채용 트렌드 '스펙 경쟁'은 가라'

기업의 채용 트렌드가 이렇게 급변하는 이유는 무엇일까? 기업의 인사담당자들이 바보가 아니기 때문이다. 더 이상은 스펙에 속아 뒤통수를 맞지 않도록 아예 채용 제도를 손본 것이다. 인사담당자들은 스펙이 높은 사람을 뽑고 싶은 게 아니다. 만약 스펙으로 뽑았더라도 그것은 스펙을 기준으로 지원자의 열정과 성과창출 능력을 판단하고 싶어서다.

회사가 스펙으로 신입사원을 뽑는다면 이 일을 담당하는 인사담당자들 또한 최강 스펙이어야 함이 마땅하지 않은가? 하지만 인사담당자들 대부분이 SKY 출신이 아니다. 영어를 잘하는 것도 아니다. 학점이 높았던 것도 아니다. 특별한 자격증이 많거나 공모전 수상 경력이 화려하지도 않다.

어쩌면 지금의 스펙 열풍은 나만 안 하자니 불안한, 막연한 두려움에서 시작된 허상이다. 하지만 이런 '탈 스펙' 시대로 가는 변화 속에서 아직도 스펙에 연연하는 사람이야말로 경쟁에서 점점 뒤처질 것이다.

무작정 스펙 쌓지 마라. 대신 인사담당자가 같이 일하고 싶은 사람이 되라.

Q. 출신학교가 합격에 정말 영향을 안 미치나요?

A. 이 질문에 대한 답을 우리 회사 구성원들을 통해 이야기하지요.

제 자리 건너편에 있는 분은 S대 출신이고, 그 옆쪽 분은 수도권대학 출신이고, 제 오른쪽 분은 지방대 출신이고, 제 왼쪽에 앉은 분은 서울에 있는 4년제 대학 출신입니다.

제 입사동기들을 이야기할 수도 있습니다. 입사동기 K는 SKY 출신이고, N은 지방대, H는 서울에 있는 4년제 대학 출신입니다. 그룹사 입사동기 C는 제가 잘 알지 못하는 대학교 출신입니다.

이는 어느 기업이나 마찬가지입니다. 아무 회사 하나만 잡고 그 회사 구성원들 출신대학교 한번 파헤쳐볼까요? 결론은 그럴 것도 없이 '매우 다양하다'입니다. 어느 회사나 SKY 출신이 있고, 유명한 해외 대학 출신도 있고, 지방대 출신도 있고, 서울에 위치한 4년제 대학 출신과 이름 모를 대학 출신이 있기 마련입니다.

저라면 질문을 이렇게 바꾸어보겠습니다. "출신학교가 합격에 정말 영향을 안 미치나요?" 가 아니라 "내가 자신 없어 하는 학벌을 상쇄시킬 만한 나의 강점은 무엇일까?"로 말이죠.

내 삶에 어떤 질문을 던지느냐는 매우 중요한 문제입니다. 출신학교가 합격에 영향을 미친다고 하면 당장 수능을 다시 보거나 편입할 겁니까? 아니기 때문에 우리는 질문을 바꿔서 던져야 합니다. 학벌이 영향을 미치느냐, 안 미치느냐가 아니라 그걸 어떻게 이겨낼 것인가로 말입니다.

Q. 각 전형마다 몇 배수를 뽑나요?

A. 회사마다 차이가 있기 때문에 대략적으로 얘기하겠습니다.

1차 관문인 서류전형에서 10~11배수, 1, 2차 면접에서 2~4배수, 최종면접에서 2배수 미만이라고 생각하면 됩니다. 모두 알고 있듯이 서류전형에 합격했다고 해도 갈 길은 멀기만 합니다. 한 관문을 넘을 때마다 확률은 높아지고 말입니다. 일부 회사들은 서류전형에서 모두를 합격시키고 인적성 검사를 통해 10배수 지원자를 가리기도 합니다.

사실 몇 배수를 뽑는지는 중요하지 않습니다. 100명의 서류 합격자들 중 10명을 뽑는다면 '어떻게든 10등 안에만 들자!'라는 마음가짐으로 면접에 임하겠습니까? 아닙니다. 나는 나만이 가진 최고의 경쟁력으로 확실히 구별화된 인재임을 보여줘야 합니다. 그렇다면 각 전형마다 몇 배수로 인원을 뽑는지는 중요한 게 아닙니다. 각 전형의 인력 산출은 각 기업의 방식일 뿐입니다.

회사는 이런 사람과 일하고 싶다

《화성에서 온 남자 금성에서 온 여자》의 저자 존 그레이 박사는 남녀 간의 차이를 화성남자와 금성여자로 비유해 쉽게 설명하고 있다.

옛날 옛적에 화성남자들과 금성여자들은 서로를 발견하자마자 한눈에 반했다. 사랑의 마법에 걸린 듯 그들은 무엇이든 함께 나누면서 기쁨을 느꼈다. 비록 서로 다른 세계에서 왔지만 그 차이를 인정하고 서로 사랑하고 조화를 이루며 함께 살았다. 그러다가 지구에 와서 살게 되자 그들은 이상한 기억상실에 빠진다. 자신들이 서로 다른 행성에서 왔고, 따라서 서로 다를 수밖에 없다는 사실을 잊어버린 것이다. 서로의 차이를 인식하고 그것을 존중해온 기억이 모두 지워지면서 그들은 충돌하기 시작했다.

여자는 감정의 공감을 원하지만 남자는 어쭙잖은 해결책을 제시해 결국 큰 다툼으로 이어진다. 예를 들어 이런 식이다.

여자 : "나 요즘 스트레스 많이 받았잖아. 그래서 그런지 살 쪘나 봐."
남자 : "맞아. 너 요즘 살 많이 쪘더라. 헬스나 요가 끊어서 운동해."

다음 대화는 말다툼으로 이어질 가능성이 매우 높다. 여자친구가 기대한 대답은 "요즘 스트레스 많이 받았구나. 힘들지? 누가 스트레스 주는 거야! 내가 혼내줄게" 등의 공감 반응이기 때문이다. 남자들을 무시하는 건 아니지만 그들이 제시한 나름 일리 있는 해결책을 어쭙잖다 말한 것이 바로 이 때문이다. 감정의 공유 및 위로를 원하는 상대에게 제시하는 해결책은 그게 무엇이 되었건 어쭙잖을 수밖에 없다.

나는 우리 인사담당자들과 지원자들의 관계가 마치 서로 너무 다른 생각을 하고 있는 남녀사이 같다.

과연 회사에서는 어떤 지원자를 채용할까?

화성에서 온 나 : "삶의 선택지가 많은 사람과 일하고 싶다."

금성에서 온 지원자 : "스펙을 많이 쌓아야 취직할 수 있어."

인사담당자들은 다양한 삶의 선택지를 갖고 있는 지원자를 채용하고 싶어한다. 대학시절 노점상에서 액세서리를 팔아본 지원자에게서는 어느 기업에나 필요한 장사꾼 마인드 및 뛰어난 문제해결 능력을 기대해볼 수 있다. 해외 배낭여행을 갔다가 소매치기 때문에 혼자 여행경비를 현지 조달해야 했던 지원자라면 그의 위기대처 능력 및 자신감 넘치는 성격을 알 수 있다. 마라톤을 해본 지원자에게서는 인내심과 성실함 등을 엿볼 수 있다. 봉사활동 경험을 통해서는 협동심 및 남을 배려하는 태도를 짐작할 수 있다. 그들의 삶의 선택지에는 대학생 외에도 노점상, 거리의 악사, 마라토너, 자원 봉사자가 추가된 것이다.

스펙을 쌓기 위해 일부러 장사를 하고, 소매치기를 당하고, 취미에도 없는 마라톤을 할 수는 없는 노릇이다. 자연스럽게 넓어진 삶의 선택지를 통해 스며들 듯 '진짜 스펙'이 쌓이게 된다. 학벌, 학점, 토익 등은 그런 점에서 '가짜 스펙'에 가깝다.

삶의 선택지가 넓은 지원자와 함께 일하고 싶은 이유는 회사라는 곳의 특성 때문이다. 회사는 기본적으로 팀플레이를 하는 곳이다. 혼자 잘나서는 할 수 있는 일이 거의 없다. 그래서 협업이라는 것을 해야 하는데 요즘 젊은 세대들에게 가장 떨어지는 역량이 바로 이 '협동심'이다. 반면 삶의 선택지가 넓은 구직자들은 다양한 곳에서 서로 다른 사람들과 부대끼며 많은 경험을 했기 때문에 협업이 가능한 사람들이다.

아직 늦지 않았다. '스펙 쌓아서 취직해야지' 하는 마음을 삶의 선택지를 넓히는 쪽으로 바꿔보라. 목적 없이 시작한 진짜 스펙이 인사담당자의 마음을 움직일 수 있다.

내 수첩 한쪽에는 이런 말이 적혀 있다.

"지금 받는 월급보다 더 많이 일하면 언젠가는 내가 하는 일보다 더 많은 돈을 받게 될 것이다."

많은 직장인들이 남들보다 더 일하는 것을 아깝고 억울하게 생각한다. 그래서 그들은 이런 생각으로 회사에 다닌다. '열심히 일한다고 해서 월급 더 받는 것도 아닌데 적당히 하자.' 일처럼 일하는 것이 아닌 꿈처럼 일하는 드림워커와는 한참 거리가 먼 부류다.

회사는 조직을 구성하고 있는 개개인의 합으로 이뤄진 곳이다. 그렇기 때문에 드림워커들이 많은 회사야말로 꾸준히 발전할 수 있는 강력한 성장 동력을 갖춘 것이나 다름없다. 그래서 회사는 앞으로 드림워커가 될 가능성이 높은 사람들과 함께 일하고 싶다. 그리고 그들을 채용, 육성하는 것이 인사담당자의 중요한 임무 중 하나다.

인사담당자들이 서류와 면접전형에서 알고 싶은 것은 지원자들의 삶의 선택지가 얼마나 넓은지와 드림워커가 될 자질이다. 지레 짐작으로 학벌, 학점, 외모, 토익, 해외연수가 당신의 발목을 잡는다고 생각하지 마라.

삶의 선택지와 드림워커가 될 가능성이 인재 선발의 가점 조건이라면 아래 세 가지 항목은 필수조건이라고 할 수 있다. GE를 세계 최고 기업으로 성장시킨 경영인 잭 웰치가 말하는 채용 기준은 다음과 같다.

> 고용의 첫 단계에서 심사해야 할 세 가지
> 첫째, 도덕성Integrity. 올바른 방식으로 게임에서 승리하려고 하는가?
> 둘째, 지적능력Intelligence. 강한 지적 호기심을 가지고 있는가?
> 셋째, 성숙성Maturity. 자신의 감정을 조절할 줄 아는가?
> – 잭 웰치, 수지 웰치 공저,《잭 웰치, 위대한 승리》

'회사는 왜 나같이 좋은 인재를 몰라주는 거야!'라며 탓하기 전에 사회인으로서의 자신을 냉정히 평가해보자. 위의 기준에 빗대어 자신을 재점검해보는 것이다. 자기소개서부터 면접 때 받았던 질문에 대한 대답까지 다양하게 위의 요소들을 대입해보자.

"너무 사소해서 땀 흘릴 가치가 없는 일이란 존재하지 않으며, 실현되길 바라기엔 너무 큰 꿈이란 것도 존재하지 않는다. 기억하라! 열정은 천재의 재능보다 낫다. 열정은 당신의 최고의 경쟁력이다."

- 잭 웰치

최고의 경쟁력인 열정을 가득 품고 회사에 지원하라. 인사담당자가 같이 일하고 싶어 안달이 날 정도로 열정적인 당신을 기다리겠다.

Q. 스펙은 완벽한데 서류에서 떨어뜨린 경우가 있나요?

A. 이런 질문을 받을 때면 질문을 한 분께 되묻고 싶습니다.

"완벽한 스펙이란 무엇인가요?"

정말 궁금해서 묻는 겁니다. 완벽한 스펙이란 존재하는 걸까요? 아니면 우리가 존재한다고 믿고 싶은 걸까요?

인사담당자로 근무하면서 느낀 것은 신기하리만큼 한 회사의 구성원들의 성향이나 가치관이 비슷하다는 것입니다. 같은 그룹이더라도 계열사마다 뽑힌 신입사원들의 색깔이 분명히 다릅니다. 즉 기업에서는 그 회사의 문화에 잘 맞는 사람을 기막히게 구분해냅니다. 그래서 같은 사람인데도 어느 기업에서는 서류가 통과되고 어느 기업에서는 떨어지는 겁니다.

동의하지 않는 분들을 위해, 그렇다면 완벽한 스펙이 존재한다고 가정해봅시다. 스펙은 완벽한데 서류에서 떨어졌다면 저는 그 이유를 '불성실한 자기소개서 작성'이라고 생각합니다. 그만큼 자기소개서가 중요합니다. 취업 관련 인터넷 포털사이트의 '카더라 통신'은 인사담당자들이 자기소개서를 다 읽지 않는다고들 합니다. 저를 비롯한 많은 분들이 아니라고 하는데도 왜 그런지 모르겠습니다.

여러분, 정말 인사담당자들은 자기소개서를 나누어 다 읽습니다. 그 한 장을 읽는 시간이 짧아서 그렇지 정말 다 읽습니다. 그러니 자기소개서를 20대 때 미리 써보는 자서전이라는 마음가짐으로 정성을 다해 써야 합니다.

준비는 아무도 빌려주지 않는다

잇단 원전 가동 중단으로 요즘 전력량이 비상이다. 그래서 서울 메트로에서는 전기를 아끼고자 사람들의 계단 이용을 적극 권장하고 싶다. 사실 에스컬레이터 대신 계단을 이용하면 전기절약뿐 아니라 시민들의 건강에도 긍정적인 영향을 미칠 수 있다. 여기서 질문. 만약 당신이 서울 메트로의 직원이라면 계단 이용을 장려하기 위해 어떻게 하겠는가? 아래 두 사례를 통해 시사점을 얻어보자.

스웨덴 스톡홀름에는 '오덴플랜'이란 지하철역이 있다. 이 역에서는 사람들의 계단 이용을 장려하기 위해 한 가지 조치를 취했다. 바로 에스컬레이터 옆에 있는 계단을 피아노 건반 모양으로 칠하고 센서를 설치해서, 밟으면 피아노 소리가 나도록 만든 것이다.

계단을 피아노 건반으로 바꾼 이후, 사람들은 신기해하며 에스컬레이터 대신 계단을 이용하기 시작했다. 심지어 두세 사람이 모여 화음을 만들고 쉬운 곡을 연주하기도 했다. 그 결과 이 역의 계단 이용률이 무려 66퍼센트나 증가했다.

독일의 수도 베를린에 있는 알렉산더광장 지하철역에 놀이터에나 있을법한 미끄럼틀이 사람들이 오가는 에스컬레이터 옆에 생겼다. 처음에 무표정하게 지나가던 사람들도 한두 명이 미끄럼틀로 뛰어들어 빠르게 미끄러져 내려가는 것을 보자 깔깔거리며 쳐다보거나, 다시 계단을 뛰어올라 미끄럼틀을 타는 등 즐기는 모습을 보였다.

사실 위의 두 사례 모두 친환경 자동차를 생산하는 어느 자동차 회사의 아이디어였다. 회사는 이 두 이벤트를 통해 즐겁고 친환경적인 이미지를 심어주는 데 성공했다는 평가를 받았다.

이 두 사례 모두 전형적인 '넛지 효과'를 노렸다. '팔꿈치로 쿡 찌르다'는 뜻의 넛지Nudge는 어떤 결과를 강제수단을 사용하지 않고 은근하게 유도하는 행위를 말한다. 보통 사람들은 계단을 더 많이 이용하게 할 방법으로 다음의 두 가지 해결책을 내놓을 것이다.

첫째, "전기를 아낍시다" 혹은 "건강을 생각해 에스컬레이터 대신 계단을 이용합시다" 등의 광고 팻말을 설치해 계단 이용을 독려하는 것.

둘째, 특정 시간대에 아예 에스컬레이터 가동을 중단해 계단을 이용하도록 강제하는 것.

하지만 이 두 가지 방법으로 과연 시민들의 자발적 계단이용률을 66퍼센트나 끌어올릴 수 있었을까? 아마 불가능했을 것이다. 이 두 지하철역은 그렇게 할 수밖에 없는, 그렇게 하고 싶은 상황을 아예 설정해놓음으로써 의도한 목적을 달성했다.

지금 당신의 삶은 무엇에 맞게 설정되어 있는가? 앞으로 취업을 계획하고 있는가? 그렇다면 취업에 맞게끔 삶을 재설정해야 함이 마땅하다. 지금 당장 본인 컴퓨터의 즐겨찾기 목록들을 한번 살펴보자. 내 컴퓨터의 즐겨찾기 목록들은 내가 어떤 분야에 관심이 많은지, 또 나 자신을 어떻게 계발하고 있는지를 나타내주는 객관적인 지표들 중 하나다.

실제 대학생들이 꿈꾸는 직장 중 하나인 구글에서는 면접 때 본인이 사용하는 개인 노트북을 가져오게 한 후 지원자들의 즐겨찾기 목록을 검토했다고 한다. 마케팅을 위해 태어났다고 말하는 지원자의 즐겨찾기에 그 흔한 마케팅 관련 온라인 커뮤니티가 하나도 없다면 과연 그 말을 신뢰할 수 있을까? 다시 강조하지만 내 컴퓨터의 즐겨찾기 목록은 내 자기소개서와도 같다는 마음으로 관리해야 한다.

즐겨찾기 목록을 점검했다면 다음으로 인터넷 버튼을 클릭했을 때 처음으로 접속되는 사이트가 어디인지 떠올려보자. 아무 생각 없이 검색 포털사이트가 첫 화면이라면 당신은 보다 적극적인 '상황 설정' 노력이 필요한 사람이다.

당신이 취업준비생이라면 적어도 인터넷 첫 페이지를 관심 있는 회사의 홈페이지나 취업 관련 커뮤니티로 설정해놓아야 한다. 평소 인터넷을 하며 아무 생각 없이 첫 화면에 노출되어 있는 자극적인 기사나 인터넷 쇼핑몰을 클릭한 경험이 있을 것이다. 그러다 보면 몇 십 분이 훌쩍 지나가 있기도 한다. 이왕 그렇게 보낼 시간이라면 내가 관심 있는 회사들의 최신 소식을 접하며 시간을 보내는 것이 취업에 훨씬 유리하다.

취업을 앞두고 어디서부터 손을 대야 할지 막막해하는 후배들을 많이 봤다. 매일 매일 정보는 쏟아지는데 그 속에서 어떤 것을 취해야 할지 모르는 '정보 과식증'에 걸린 것이다. 그런데 만약 내가 원하는 정보가 인터넷에서 생산될 때마다 친절하게 개인 이메일로 그 기사들을 보내준다면 얼마나 편리할까? 이 말이 솔깃한가? 그렇다면 당신은 아직 '구글 알리미' 기능을 사용하지 않는 사람이란 뜻이다. 지금이라도 늦지 않았다. 구글 알리미에 접속해 내가 받고 싶은 정보의 키워드를 입력하고 당장 이 좋은 기능을 활용해보자. 다음과 같이 구글 알리미를 이용할 수 있다.

1. 구글 알리미에 접속한다(www.google.co.kr/alerts).
2. **검색어** : 검색 키워드를 넣는다(특정 회사 이름이나 직무명 혹은 취업 등으로 넣어보자).
3. **결과유형** : 뉴스, 블로그, 비디오, 토론, 도서 등의 모든 정보를 아우르는 '전체' 설정
4. **수신빈도** : '수시로, 하루에 한 번, 일주일에 한 번'에서 선택 후 설정
5. **개수** : '가장 우수한 검색결과만' 설정
6. **수신 위치** : '개인 메일' 설정
7. **알리미 만들기** : 알리미를 등록
8. **알리미 관리** : 자신이 만든 알리미 목록을 확인

흔히들 뭘 하고 싶은지 모르겠다는 청춘들에게 '정말 자신이 좋아하는 일을 하라'고 조언한다. 자신이 좋아하는 일을 할 때는 몰입하게 되고 오래할 수 있어 결국 좋은 성과로 이어질 수 있기 때문이다. 하지만 여기에는 치명적인 문제가 있다. 바로 내가 좋아하는 일이 뭔지 모르겠다는 것이다. 물론 잘 생각해보면 사람은 누구나 좋아하는 일이 있기 마련이다. 커피 마시기, 인터넷 서핑하기, 쇼핑하기, 만화책

보기, 친구와 수다 떨기, 게임하기 등.

하지만 취업에서 말하는 좋아하는 일에는 한 가지 전제조건이 붙는다. 바로 '좋아하는 일이되 그 일로 돈을 벌 수 있어야 한다'는 것이다. 진심으로 좋아하는 일을 찾으라는 수많은 매체와 책들의 조언이 불편하게 느껴지는가? 그렇다면 좋아하는 일과 그것으로 돈을 벌 수 있는 직장을 연관시켜보자. 평소 지독한 커피 마니아라면 커피 전문점이나 커피와 음식을 함께 파는 식품전문 기업의 문을 두드려볼 수 있다. 또 날마다 지름신 내림을 받는 쇼핑마니아라면 백화점이나 홈쇼핑 기업의 문을 두드려볼 수도 있다.

섣불리 좋아하는 일이 없다고 단정 짓지 말자. 지금 내가 취미로 좋아서 하는 일이 취업과 연관될 수 있다고 생각하는 순간 삶을 대하는 태도가 달라질 것이다. 마침내 당신의 삶이 취업에 맞게 재설정되는 것이다.

매일 유명 커피전문점에 들려 커피를 마시는 대학생이 있다. 평소 아무 생각 없이 스마트폰으로 친구와 카카오톡으로 수다를 떨면서 커피를 마셨다. 하지만 그녀는 대학 4학년으로 취업을 앞두고 있는 상황이다. 그녀의 삶을 취업에 맞춰 재설정하면 다음과 같은 변화가 일어날 것이다.

평소 무관심했던 매장의 인테리어나 그곳의 직원들이 일하는 모습을 관찰한다. 또한 그동안 수없이 마셨던 커피의 맛을 다른 커피 브랜드와 비교하며 새로운 메뉴에 대한 생각을 다이어리에 적어본다.

이런 일상의 경험들은 자기소개서를 쓸 때나 면접 때 큰 힘을 발휘하게 된다. 모두가 갖고 있는 흔한 스펙과는 차원이 다른 나만의 스토리를 가질 수 있기 때문이다.

"대학이 후진 것은 멋진 대학생이 없기 때문이다. 당신이 멋져야 할 바로 그 대학생이다."

청춘들의 고민을 카운슬링한 것을 엮은 김형태 저자의《너 외롭구나》에 수록된 글이다.

20세기의 세계 최고 자산가이자 경영자였던 록펠러는 청년 시절에 취업을 하기 위해서 매일 여섯 시간씩 구직활동을 했다고 한다.

"나는 매일 일했다. 바로 일자리를 찾는 일이었으며 나는 그 일에 전력을 기울였다."

당신은 어떤 대학생이 멋진 대학생 같은가. 학점이 높은 대학생? 연애를 많이 하는 대학생? 해외 연수를 다녀온 대학생? 토익 고득점 대학생?

전력을 기울일 만한 일이 있는 대학생. 나는 그런 대학생이 진짜 멋진 대학생이라고 생각한다. 지금 일이 없다고 투덜대지 마라. 구직활동을 하고 있는 그것이 당신의 일이니까.

인사담당자만 아는 면접의 기술

면접, 그것이 알고 싶다

최근 들어 면접의 형태가 과거에 비해 더욱 다양해지고, 그 비중이 크게 강화되고 있다. 과거 프레젠테이션 면접과 토론 면접은 몇몇의 기업에서만 시행하던 특이한 형태였다. 하지만 이제는 어느 회사에서나 흔하게 볼 수 있는 면접 방식이다.

이처럼 기업들이 앞 다투어 다양한 면접 방식을 도입하는 이유는 앞에서 언급한 '뒤통수 효과'와 무관하지 않다. 스펙 고수들을 뽑아놨더니 금세 다른 곳으로 가버리거나 기대와는 달리 업무 역량이 현격히 떨어지는 것이다. 즉 회사와 인사담당자 입장에서는 뒤통수를 맞은 것인데 채용 후에 후회해도 이미 때는 늦다.

기업은 이제 스펙이 아닌 것으로 회사에 적합한 인재를 찾고 싶다. 그렇기 때문에 과거 인성 면접 중심이던 것이 점차 회사별로 다양한

면접 형식을 취한다. 다음은 최근 들어 급격히 다양해진 면접의 종류
들이다.

- 인성 면접 : 개인의 인성 및 기본자질, 조직 적합성에 대한 질문을
  주로 하며 임원 및 경영진이 별도로 면접을 보는 방식
- 실무진 면접(개별 면접) : 실무진들이 면접관으로 참여해 업무 수행
  력을 판단하기 위한 질문을 하는 방식
- 토론 면접 : 6~8명의 지원자들로 구성된 그룹이 정해진 주제에
  따라 자신의 의견을 토론하도록 하고 지원자의 논리력, 표현력,
  의견 조율 정도를 평가하는 방식
- 프레젠테이션(PT) 면접 : 사전 정보 없이 주어지는 전문성 있는 주
  제에 대해 지원자가 자신의 주장을 얼마나 논리적으로 펴는지를
  평가하는 방식
- 역량 면접(심층 면접) : 지원자의 과거 행동을 밝혀 앞으로의 업무
  수행 능력을 알고자 하는 면접 방식
- 블라인드 면접 : 지원자들의 출신학교, 전공, 가정환경 등 능력
  외적인 요소를 배제하고 개인정보를 알지 못하는 상태에서 면접
  을 진행하는 방식
- 영어 면접 : 원어민 혹은 영어를 잘하는 한국인 면접관과 다양한
  주제에 대해 영어로 질문하고 영어로 대답하는 방식
- 다차원 면접 : 산, 술자리, 놀이동산, 볼링장 등의 다양한 장소에
  서 면접관 및 지원자들이 다양한 활동들을 함께 하며 자연스럽

게 평가를 진행하는 방식

- 합숙 면접 : 지원자와 면접관들이 1박 2일 혹은 2박 3일 동안 합숙을 하며 이 기간 동안 다양한 면접 방식을 집중적으로 진행하는 방식
- 오디션 면접 : 지원자들이 마치 오디션 무대에서 실력을 뽐내듯이 자신의 이력과 열정을 보여주는 면접 방식
- 압박 면접 : 지원자들의 답변 태도 및 순발력, 그리고 인성을 파악하고자 스트레스를 유발하는 질문을 던지고 답변에 대해서는 시종일관 비판적, 부정적 피드백을 하는 면접 방식

취업 포털사이트 인크루트가 매출 500대 기업을 대상으로 어떤 면접을 실시하는지를 물어본 결과는 다음과 같았다.

1위 인성 면접(89.1%)

2위 실무진(개별) 면접(61.2%)

공동 3위 토론 면접(27.1%), 프레젠테이션 면접(27.1%)

5위 역량(심층) 면접(14.7%)

물론 요즘 기업에서는 한 가지 면접만을 진행하는 것이 아니다. 여러 번의 면접으로 지원자들을 철저히 검증한다. 내가 지금 회사의 인턴십에 지원할 때만 해도 서류전형 후 한 번의 인성 면접만 통과하면 됐다. 하지만 지금은 1, 2차로 나누어진 총 네 번의 면접을 통해 최종

인턴 대상자가 선발된다. 1차 면접에서는 토론 면접, 심층 면접, 영어 면접을 치러야 하며 2차 면접에서는 1차 면접 합격자를 대상으로 임원 면접을 실시한다. 최종 합격을 위해 필요했던 단 한 번의 면접이 몇 년만에 총 네 번으로 크게 늘어난 것이다.

면접의 종류 또한 매우 다양해졌다. 과거에는 지원자의 기본 자질과 조직 적합성 등을 평가하는 인성 면접이 주를 이뤘다. 그러나 지금은 회사 및 사회 전반의 이슈를 주제로 한 토론 면접, 면접위원 두 명이 지원자 한 명의 행동사례를 심도 있게 질의 응답하는 심층 면접, 그리고 원어민과 한국인 면접위원으로 구성된 영어 면접까지 통과해야한다. 이 글을 읽는 당신에게는 미안하지만 아무리 생각해도 지금이아닌 과거에 취업하길 참 잘했다는 생각이 든다. 하지만 억울해하지말자. 내가 어렵다면 경쟁자들 역시 마찬가지다. 결국 얼마나 준비했느냐가 면접의 승패를 가른다.

"여기서부터 스펙은 소용없다."

나는 면접에 대해 위와 같이 이야기하고 싶다. 사실 면접관은 일정부분 스펙을 지겹게 여긴다. 물론 100퍼센트는 아니지만 서류에 합격한 지원자들은 1차 능력 검증이 일정 부분 끝난 사람들이다. 역시나 능력에 대한 판단도 스펙이 아닌 자기소개서의 비중이 높다. 누누이 밝히지만 당신이 생각하는 것처럼 취업은 스펙 위주로 결정되지 않는다.

그럼 면접관이 면접이라는 과정을 통해 알고 싶은 것은 무엇일까?

왜 기업에서는 면접비까지 줘가며 면접을 진행하는 것일까? 3만 원의 면접비를 받은 당신은 그 금액이 적다고 생각할 수 있다. 하지만 수백 명의 면접을 진행하는 회사 입장은 다르다. 회사는 비단 면접비만을 지출하는 것이 아니다. 각종 운영비 및 면접에 동원되는 많은 직원들의 인건비까지 따지면 실로 어마어마한 금액을 면접에 투자한다. 도대체 왜 회사에서는 이렇게 많은 돈과 시간을 투자하며 면접을 진행하는 것일까?

그 이유는 바로 어떤 사람을 채용하는지가 회사의 경쟁력 신장에 가장 큰 핵심 요인이 되기 때문이다. 아무리 겉보기에 좋은 인재라 할지라도 우리 회사와 호흡을 같이 할 수 있는 사람이 아니면 소용이 없다. 그래서 기업에서는 많은 돈과 시간을 투자해 '최고의 인재'가 아닌 '우리 회사에 적합한 인재'를 선발하고자 면접전형을 진행하는 것이다. 남녀관계에서 어떤 사람에게 최고의 사람이 다른 사람에게는 최악의 파트너가 되는 것처럼 세상의 기준으로 최고의 인재가 우리 회사에서는 최악의 인재가 될 수도 있다. 서류전형만으로는 회사에 적합한 인재를 도저히 판단할 수 없다. 그 선별작업이 바로 면접이다.

기업에서는 면접을 통해 '능력 좋은 사람'이 아니라 '일을 할 때 호흡이 잘 맞을 사람'을 뽑고자 한다. 그렇기 때문에 면접에서는 '과거'가 아닌 '미래'에 대한 이야기를 해야 한다. 당신은 자기소개서에 적은 이야기들이 모두 과거의 일인데 이것을 말하지 말라니 무슨 소리냐고 반문할 수도 있다.

내 말의 요지는 '과거로 만들어진 현재의 내가 미래에 이런 공헌을 할 수 있다'를 이야기하라는 것이다. 면접에서 과거 스펙들을 열거하는 스펙 고수들은 자신들을 끊임없이 '최고의 인재'라고 말한다. 하지만 면접관들은 '최고의 인재'를 원하지 않는다. 그들은 내부 직원들과 호흡이 잘 맞는 '우리 회사에 적합한 인재'를 뽑고 싶어한다.

면접을 준비할 때는 다음의 두 가지를 꼭 기억하자!
첫째, 나의 과거가 입사 후 이 회사에 어떤 식으로 도움을 줄 수 있는가?
둘째, 내 과거가 미래에 어떤 가능성을 보여줄 수 있는가?

면접 답변은 항상 미래지향적으로 말해야 한다. 면접을 준비하면서 자기가 들이는 '노력'에만 초점을 맞추지 말자. 많은 구직자들이 결과가 아니라 노력 자체에 몰두하며 최선을 다하고 있다고 착각한다. 하지만 결과가 아닌 노력에 몰두하는 것만큼 위험한 게 또 없다.

많은 사람들이 '열심히 했지만 결과가 좋지 않다'며 억울해하거나 후회한다. 하지만 취업의 기회를 놓치고 후회해도 때는 이미 늦었다. '내가 지원하는 회사의 성과에 기여하기 위해 내가 공헌할 수 있는 것은 무엇인가?' 이 질문에 대한 확실한 대답을 안고 면접에 임하길 당부한다.

면접의 5가지 조건

만약 당신이 면접을 앞두고 있다면, 아니 혹시 그렇지 않더라도 나중을 위해 꼭 봐야 할 영상 하나를 소개한다. 포털사이트나 유튜브 등에서 '차승원 1억'이라고 검색하면 어디서나 쉽게 찾아볼 수 있다. 이 동영상은 2009년에 방송된 SBS 드라마 〈시티홀〉의 한 장면이다. 극중 대통령을 꿈꾸는 차승원은 선거유세 연설을 이렇게 시작한다.

"자, 제가 질문 하나 드리겠습니다. 1억을 버는 게 빠를까요, 세는 게 빠를까요?

(시민들은 세는 게 빠르다고 대답한다.)

과연 세는 게 빠를까요? 자 그럼 가정을 해봅시다.

1초에 하나씩 센다. 밥도 안 먹고, 잠도 안 자고, 연애도 안 하고, 하루 24시간 오로지 숫자만 센다. 하루는 24시간, 분으로는 1,440분, 초로는 86,400초가 나옵니다. 86,400초로 1억을 나눠보면, 1억을 세는 데 걸리는 시간은 일로 따지면 약 1,157일, 월로 따지면 약 39개월, 연으로 따지면 약 3년 2개월이 나옵니다. 근데 어떻게 사람이 24시간 숫자만 셉니까? 천 단위 넘어가면 과연 1초에 하나씩 셀 수나 있을까요? 2초씩 잡으면 7년이 넘고, 3초씩 잡으면 10년이 넘게 걸린단 이야기입니다.

그럼 처음 질문으로 돌아가서 1억을 버는 게 빠를까요, 세는 게 빠를까요? 그렇습니다. 1억을 버는 게 훨씬 빠를 수 있습니다. 하지만, 여러분 지금 1억 있으십니까? 10년을 개미처럼 일만 해도, 20년을 알

뜰살뜰 저축해도, 30년을 안 쓰고 안 입고 아등바등거려도 여러분 지금 1억 벌어놓으셨습니까? 도대체 왜 세는 것보다 버는 게 빠른 그 같잖은 1억이 여러분에겐 없는 겁니까? 과연 그 많은 돈들은 다 어디 있다는 말입니까?

그렇기 때문에 여러분들은 반성하셔야 합니다. 당신이 삶에서 당신이 원하는 걸 발견하지 못했다면 그건 당신의 선택이 잘못되었던 겁니다. 여러분은 지금 직장을 잃어도, 집을 잃어도, 그 흔한 문화시설 하나 없어도 다 내 팔자인 것입니다. 과연 여러분들은 그런 팔자를 원하셨던 겁니까? 천만의 말씀입니다. 여러분의 선택이 인주(극중 도시 이름)를 바꾸고, 인주가 바뀌어야 당신의 삶이 바뀌고, 당신의 삶이 바뀌어야 당신 아이들의 삶이 바뀝니다. 아픈 아이의 병원비가 없어 발을 동동 구르지 않게, 아이의 교육을 위해 이삿짐을 싸지 않게 지금부터 제가 여러분의 삶을 바꿔드리겠습니다. 저는 기호 5번 이 시대의 젊은 리더 무소속 조국입니다."

많은 사람들이 여전히 〈시티홀〉이라는 드라마를 기억하고 있는 이유는 바로 이 '1억'에 대한 연설 때문이다. 나는 이 영상이야말로 면접에 필요한 모든 조건을 함축적으로 담고 있는 최고의 교본이라고 생각한다. 이 영상에서 찾아낸 면접의 다섯 가지 조건은 다음과 같다.

1. 복장을 점검하라

극중 국회의원 선거 후보자 차승원은 선거 유세에 딱 맞는 완벽한 복장과 깔끔한 헤어스타일을 하고 있다. 연기자 차승원은 실제로도 본인 머리 모양이 드라마 속 역할과 어울리지 않으면 그 스타일이 표현될 때까지 몇 번이고 머리를 다시 감고 스타일링을 한다고 한다. 덕분에 동료 연기자들뿐 아니라 드라마의 모든 제작진이 그의 헤어스타일이 한시라도 빨리 완성되길 손꼽아 기다린단다.

사람의 첫인상을 파악하는 데 걸리는 시간은 단 '3초'다. 그리고 그 짧은 3초의 결정에 가장 큰 영향을 끼치는 것은 단연 시각적 정보다. 즉 면접 복장이 제대로 갖춰지지 않았다면 짧은 시간동안 이루어지는 면접에서 좋은 인상을 남길 수가 없는 것이다.

면접 복장이 눈에 띄게 예쁘거나 멋질 필요는 없다. 단정하고 깔끔한 정장 차림이면 된다. 머리 모양도 지저분하다는 느낌을 주지 않으면 된다. 미용실에서 막 나온 것처럼 지나치게 힘을 주고 가지 않아도 된다는 의미다.

집을 나서기 전에 거울 속의 자신을 스스로 면접해보자. 머리는 지저분하지 않게 잘 정돈되었는가, 복장은 깔끔한 정장 차림인가, 피곤한 기색이 역력한 지치고 힘없는 얼굴인가, 아니면 자신감 넘치고 생기 있어 보이는 환한 얼굴인가를 말이다.

2. 자신감을 가져라

영상 속에서 차승원의 말이 설득력을 가지는 이유는 그의 자신감에 찬 모습 때문이다. '경영의 달인', '세기의 경영인' 등으로 불리는 잭 웰치 전 GE의 회장은 이렇게 말했다.

"적당한 자신감이야말로 승리의 가장 중요한 기준이다. 자신감 있는 사람들은 출처에 관계없이 모든 아이디어와 변화에 개방적인 태도를 가지고 있다. 자신감 있는 사람들은 자신의 의견이 도전받는 것을 두려워하지 않는다. 그들은 아이디어를 더욱 풍성하게 만드는 지적인 싸움을 즐긴다. 바로 그러한 사람들이 개방적이면서 끊임없이 뭔가를 배우는 조직 문화를 만들어낸다."

자신감에 찬 지원자들은 이미 자신이 면접에서 붙었다고 생각하는 사람들이다. 본인 스스로 좋은 결과를 확신하지 못하면 당연히 면접을 망칠 수밖에 없다. 자신감을 가져라. 자신감은 성공적인 결말의 필요충분조건이다.

3. 질문을 해라

차승원은 '1억을 버는 게 빠를까, 세는 게 빠를까?'라는 질문을 던짐으로써 사람들의 호기심을 유발시켰다. 질문을 던지면 당연히 누군가는 답변을 하기 마련이다. 영상에서도 한 아주머니가 답변을 한다.

질문에 대답을 하면 질문한 사람과 대답한 사람 간에는 자연스럽게 상호관계가 형성된다. 일단 그 상호관계에 참여한 사람은 상대의 말을 더 쉽게 믿고, 그렇기 때문에 더 수월하게 설득할 수 있다. 이것이 일방적 의사소통이 아닌 상호 의사소통의 효과다. 그래서 내가 대답을 할 때라도 답변 속에 질문을 적절히 섞어 말해보자. 내 대답에 대한 상대방의 신뢰도가 높아질 것이다. 이와 같은 논리로 면접에서도 같은 효과를 노려볼 수 있다.

많은 취업준비생들은 면접을 '시험'이라 생각한다. 물론 맞는 부분이 있긴 하지만 실제 면접에서 좋은 결과를 얻는 지원자들의 생각은 조금 다르다. 그들은 면접을 자신의 능력을 평가받는 시험으로 여기기보다는 '의사소통'이라 생각한다.

시험을 보는 사람이라면 누구나 높은 점수를 받고 싶기 마련이다. 그래서 간혹 남의 것을 몰래 베끼거나 커닝 페이퍼를 준비하기도 한다. 같은 맥락으로 면접을 시험으로 여기는 몇몇 지원자들은 좋은 점수를 받고자 거짓말로 자신을 포장하거나 답변에 무리수를 둔다. 하지만 이런 행동들로 인해 자칫 다 잡은 취업의 기회를 잃을 수도 있다.

면접을 시험이 아닌 의사소통의 일부라고 생각하자. 이 단순해 보이는 사고의 전환이 면접장에서 큰 힘을 발휘할 것이다.

4. 수치로 말하라

나의 남편은 대기업 물류팀에서 일하고 있다. 서로의 회사에 대해 이야기를 하다 보면 회사마다 조직마다 일하는 방식이 참 많이 다르다고 느낀다. 남편은 당시 CFOChief Financial Officer, 그러니까 회사의 자금부분 총괄 책임자 아래에 소속된 부서에서 일하고 있었다. CFO 보고가 있을 때면 그는 항상 몇 주 전부터 야근체제로 돌입했다. 왜냐하면 CFO가 항상 이렇게 말했기 때문이다.

"내 방에 들어와서 나가는 순간까지 모든 보고는 숫자로 해라. 숫자로 말하지 않는 것은 보고로 여기지 않겠다."

인사부에서 일하고 있는 나에게는 꽤나 충격적인 말이었다. '어떻게 모든 보고를 숫자로 말하라는 거지?' 숫자는 굉장히 객관적이고 논리적인 지표다. 그래서 윗분들은 숫자로 표현된 보고방식을 선호한다. 나중에 보고서를 써보면 알겠지만 보고서가 통과되기 위해서 가장 필요한 것이 객관적 지표인 숫자들이다.

차승원의 연설이 보는 사람으로 하여금 고개를 끄덕이게 하는 것 또한 1억을 세는 시간을 초, 분, 하루, 월 등의 숫자로 명확하게 제시하기 때문이다. 면접에서도 이 전략을 사용할 수 있다. 예를 들어 "저는 매일 자기계발을 위해 열심히 노력했습니다"라고 말하는 대신 수치를 사용해 대답하는 것이다.

"저는 자기계발을 위해 정확히 하루 평균 세 시간을 투자하기로 목표를 정했고, 1년 동안 시행한 결과 달성률은 94.5퍼센트입니다."

숫자를 활용한 답변은 그 대답에 대한 신뢰도를 높여줄 것이다.

"숫자가 사실을 알려준다. 숫자는 거짓말을 하지 않는다."
- 하마구치 다카노리 지음,《사장의 일》

"숫자는 그 자체로 언어이다. 열심히 노력했다고 말하는 직원에게 나는 "그렇게 생각하는 근거를 숫자로 제시하게" 라고 말한다."
- 고야마 노보루 지음,《경영은 전쟁이다》

5. 명확한 비전을 제시하라

앞서 말한 연설에서 차승원은 유권자들의 삶을 더 나은 방향으로 바꿔주겠다는 명확한 비전을 제시하고 있다. 결국 "1억을 버는 게 쉬울까요, 세는 게 쉬울까요"라는 질문을 던진 이유도 자신의 비전을 제시하기 위함이었다. 비전 제시는 면접에서도 매우 중요한 핵심 사항이다.

실제 나는 입사 면접 때 다음과 같은 질문을 받았다.

"이은영 씨, 선진국이란 어떤 나라라고 생각하나요?"

"저는 선진국이란 CSRCorporate Social Responsibility, 즉 기업의 사회적 책임을 다하는 회사들이 많이 있는 나라라고 생각합니다. 신세계는 1999년에 윤리경영이 도입된 이래 기업의 양적, 질적 성장과 함께 기업의 사회적 책임 및 공헌 등을 확대해나가고 있습니다. 신세계와 같은 회사가 많은 나라. 그런 기업이 많은 나라가 선진국이며, 저는 신세계 이마트에 입사하여 우리나라가 지금보다 더 좋은 선진국이 되도록 만들고 싶습니다."

내가 만약 면접관의 질문에 선진국은 복지제도가 잘 갖춰진 나라, 혹은 빈부의 격차가 심하지 않는 나라라고 대답했다면 어땠을까? 결코 좋지 못한 점수를 받았을 것이다. 면접관이 듣고 싶은 것은 질문에 대한 객관적인 대답이 아니다. 그들이 알고 싶은 것은 우리 회사에 적합한 인재를 찾는 것이다.

이것을 꼭 기억하자. 위의 3분이 채 안 되는 짧은 영상에서도 우리는 연설자의 비전을 정확히 알 수 있었다. 같은 맥락으로 지원자들 또

한 면접에서 본인의 명확한 비전을 제시해야 한다. 그래야만 적합한
인재를 찾는 면접관들에게 나를 기억시킬 수 있다.

모범답안은 독이다

2006년, 나는 뭇 취업준비생들의 마음을 설레게 하는 모 항공사의 일반사무직 면접을 봤다. 토론 면접, 영어 면접, 직무적성검사에 이은 최종 면접단계였다. 사실 직무에 대한 관심보다는 회사의 이름이 주는 후광에 이끌려 지원한 곳이었다. 내가 요즘 만나게 되는 많은 취업준비생들처럼 나 역시 크게 다르지 않았다.

'스타벅스는 커피를 파는 곳인가, 아닌가?'라는 주제로 외국인과 일대일 영어인터뷰를 마치고 최종 인성 면접장에 들어갔다. 다소 무서운 표정을 짓고 있는 세 명의 면접관이 보였다. 그 모습에 나를 포함한 피면접자 세 명은 침을 꿀꺽 삼키고 면접관들 앞으로 걸어가 가볍게 목례를 하고 각자의 자리에 앉았다.

"이은영 씨, 자기소개 해보세요."

"네! Impossible, 불가능이라는 영어단어입니다. 하지만 이 단어에 점 하나만 찍으면 I'm possible, '나는 가능하다'는 정반대의 뜻이 됩니다. 저는 불가능을 가능으로 만드는 그런 '점'이 될 수 있는 인재, 이은영입니다."

꽤 오래전이라 정확하진 않지만 기억을 더듬어보면 대략 저렇게 대답한 것 같다. 그러나 오랜 시간이 지난 지금까지도 내 대답이 끝나자마자 심하게 인상을 찌푸린 면접관의 반응은 또렷이 기억난다.

"그 말이 요즘 유행이에요? 몇 명이나 똑같은 말을 하니 참 답답하네."

사실 내가 한 답변은 우연히 사둔 취업 관련 책에서 본 말이었다. 꽤 신선한 표현에 짤막하니 강한 인상을 심어주는, 여태까지 내가 찾아 헤매던 완벽한 '모범답변'이었다. 그래서 얼마나 당당하게, 또 자신감에 차서 자기소개를 했는지 모른다.

하지만 그렇게 자신감 넘치게 준비한 나의 완벽한 자기소개는 면접관이 대놓고 신경질을 낼 정도의 최악의 답변이었다. 당시에는 '아무리 여러 번 들었던 말이라도 그렇지 대놓고 인상을 쓸 것까지야!' 하며 속상한 마음이 컸다. 하지만 지금 생각하면 면접관의 짜증스러운 표정과 퉁명스러운 말투 모두가 진심으로 이해된다.

면접 시즌이 되면 면접관들의 피로도는 극에 달한다. 당신 또한 극도로 긴장한 탓에 피곤하겠지만 지원자들은 대기시간까지 전부 다 합쳐도 대략 1시간이면 면접을 마칠 수가 있다. 즉 그들의 것은 '1시간짜리 피로'인 것이다. 하지만 면접관들은 그야말로 '풀타임 피로'에 시달린다. 꼬박 며칠 동안 출근해서 퇴근할 때까지 하루 종일 면접을 봐야하기 때문이다.

아침 9시부터 시작하는 면접은 그날 일정에 따라 직장인의 유일한 휴식시간인 점심시간까지도 아무렇지 않게 침범한다. 면접 스케줄이라도 꼬이는 날에는 저녁 7시를 훌쩍 넘어 끝나기 일쑤다. 게다가 면접관들 또한 현업에서 일하는 직장인들이기 때문에, 면접 후에는 사무실로 돌아가 밀린 업무를 끝내야 한다. 대체로 직급이 높은 사람들로 구성된 면접관들은 면접 사이사이에도 부하직원들의 급한 결제 및 보고까지 챙겨야 한다. 무엇보다 회사의 미래를 책임질 인재들을 뽑아야 한다는 부담감에 어깨까지 무겁다. 이러한 살인적 스케줄 속에서 초인적인 집중력을 발휘해야 하는 시간이 바로 '면접'이다.

이렇게 보면 면접관들은 이 기간 동안 극도로 예민하고 피곤한 상태라는 결론이 난다. 서류전형으로 지원자 모수를 많이 줄였어도 최종 합격인원의 몇 배수가 되는 지원자들을 만나야 한다. 그래서 시간이 지날수록 면접관들의 피로도는 급격히 증가한다. 이런 상황에서 앞선 지원자들이 몇 번이나 말한 똑같은 자기소개를 들었다면 기분이 어떻겠는가? 나라도 짜증스럽고 답답할 것 같다.

면접 중간마다 종종 면접관들의 신경질적인 불평을 들을 수가 있다.

"이번 지원자들 수준이 왜 이래? 한 그룹에 한두 명은 뽑고 싶은 마음이 들어야 말이지."

"그러게 말이야. 어디서 족집게 과외라도 받았나, 대답이 왜 이리 다 비슷한지 원."

면접관들이 점심을 먹으러 가며 이런 말을 할 때면 예전에 내가 했던 자기소개가 떠올라 얼굴이 화끈거린다. 세월이 흘러 한 회사의 인사담당자로 일하고 있는 지금, 나는 수많은 취업준비생들에게 일러주고 싶다. 절대로 나와 같은 실수를 하지 말라고 말이다.

당신이 취업/면접 관련 책이나 인터넷 사이트, 잡지 등에서 본 그럴듯한 면접 모범답안들은 동시대를 살아가고 있는 수만 명의 취업준비생들이 이미 본 자료일 가능성이 높다. 그 모범답안이 너무 매력적이어서 나중에 면접 때 꼭 써먹어야지 싶을수록 면접에서 그들과 나의 답변이 똑같아질 확률 또한 높다.

하지만 이런 사실을 아는지 모르는지 시중의 잘 팔리는 취업이나 면접 관련 서적들은 하나같이 면접 질문 유형과 그에 대한 모범답안들이 가득한 책들이다. 지금도 나는 서점에 갈 때면 꼭 취업 관련 서가에 들리곤 하는데, 취업준비생들은 꼭 그런 책들만 골라 집는다. 마음 같아서는 대학생으로 보이는 그들에게 다가가 말이라도 해주고 싶다.

"저기요. 제가 해주고 싶은 말이 있어서 그런데요. 모범답안 읽어도 소용없어요. 오히려 괜히 모범답안 말했다가 역효과를 볼 수도 있답니다. 그 시간에 본인 자기소개서를 보며 자신만의 스토리를 생각해보세요. 그리고 연습하세요."

하지만 이상한 사람으로 오해받을 게 뻔해서 행동으로 옮겨본 적은 없다. 하지만 이제라도 이 책의 지면을 빌려 꼭 말해주고 싶다.

"제발 모범답안 찾지 마라!"

물론 당신의 마음을 이해하지 못하는 것은 아니다. 막막하고 두려울 것이다. 게다가 이미 면접에서 떨어진 경험이 있다면 자신감은 더욱 바닥을 쳐서 지푸라기라도 잡고 싶은 심정일 것이다. 하지만 어디까지나 시중의 모범답안들은 모범답안일 뿐이다. 물론 합격한 사람들의 모범답안을 읽고 내 답변을 만들어보는 연습은 할 수 있다. 하지만 모범답안의 부작용을 분명히 알고 있어야 한다. 그래야 그 부작용을 미리 예방할 수 있다.

모범답안의 세 가지 부작용은 다음과 같다.

1. 무의식적 표절을 하게 되어 결국 다른 지원자들과 비슷하고 식상한 답변이

된다.

2. 이미 주어진 모범답안을 읽는 것을 면접 준비라고 생각해 아까운 시간을 버리게 된다.

3. 패턴과 공식에 익숙해져 새로운 사고의 확장 및 응용이 안 되어 예상치 못한 질문이 나오면 대응을 못 하게 된다.

우리는 중고등학교 시절 중간고사, 기말고사를 준비할 때도, 대입 시험을 준비할 때도, 토익이나 토플을 공부할 때도 주로 족집게 기출문제에 의존했었다. 온갖 실전대비 패턴들과 수학도 아닌데 수많은 시험 대비 공식들을 달달 외웠다. 그 기억 때문인지 면접을 준비하는 취업준비생들이 가장 먼저 찾는 것 역시 그 몹쓸 기출문제, 패턴, 공식이란 녀석들이다.

이 책을 집어든 당신 역시 자연스럽게 체득된 기출문제, 패턴, 공식의 유혹을 뿌리치기가 쉽지 않을 것이다. 그런 의미에서 이 책을 읽고 있는 사람은 행운아다. 당신이 유혹에 넘어가기 전에 반드시 기억해야 할 것을 일러주기 때문이다. 면접관들이 제일 싫어하는 것이 기출문제, 패턴, 공식에서 비롯된 비슷비슷한 모범답안들이란 사실을 말이다.

면접의 모범답안은 독이다. 그럴듯한, 그래서 사람들이 다 아는 뻔한 답변 대신 나만의 이야기를 하는 것이 훨씬 유리하다.

인사담당자를 당황스럽게 하는
면접 테러리스트들

취업 포털사이트 인크루트가 인사담당자 328명을 대상으로 면접 대기장 및 면접장에서 가장 싫은 지원자 유형을 조사했다. 그 결과는 다음과 같다.

면접 대기장에서 가장 싫은 지원자 유형

1위 지각으로 헐레벌떡 뛰어오는 지원자(55.5%)

2위 주변 지원자들과 떠들며 크게 웃는 지원자(21.3%)

3위 아무것도 하지 않는 지원자(11.0%)

4위 답변을 외우는 지원자(6.4%)

면접장에서 가장 싫은 지원자 유형

1위 바르지 않은 자세를 취하는 지원자(43.3%)

2위 잘 모르면서도 아는 체하며 답하는 지원자(38.4%)

3위 면접 복장이 단정하지 않은 지원자(14.3%)

또한 인사담당자의 83.2퍼센트가 면접 대기장에서 마음에 들지 않는 태도를 보인 구직자의 점수를 깎은 적이 있다고 답했다. 치열한 취업전선에서는 소수점 차이로 붙고 떨어지게 되어 있다. 이런 상황에서 자신도 모르는 사이에 태도로 인해 점수가 깎여 어렵게 잡은 취업의 기회를 놓칠 수 있는 것이다.

많은 지원자들이 면접은 면접장 안에 들어가는 순간부터라고 생각하는데 이것은 큰 착각이다. 면접 대기장에서 당신의 출석을 체크하고 면접 안내를 해주는 사람들이 바로 인사담당자다. 설령 앳된 외모의 소유자라 하더라도 일 도와주는 아르바이트가 아니다.

종종 면접자 대기실을 지날 때면 깜짝 놀라게 된다. 시끄럽게 떠드는 소리가 흡사 중고등학교 쉬는 시간을 보는 것 같다. 시끄러운 소리에 쳐다보지 않을 수가 없다. 당신이 생각하는 것처럼 면접 대기실과 면접장은 멀리 떨어져 있지 않다. 물론 회사의 건물 구조상 멀리 떨어져 있을 수도 있지만 그렇지 않은 곳이 더 많다. 인사담당자들 입장에서는 빡빡한 면접 스케줄 시간을 잘 조정하기 위해서 대기실과 면접장을 이동하는 시간을 최소화하려 하기 때문이다.

그래서 대기실에서의 시끄러운 소음은 자칫 조용한 면접장까지 들릴 수 있다. 인사담당자로서는 꽤 식은땀이 나는 비상사태다. 면접실에는 인사담당자보다 직급이 훨씬 높은 직속상관, 다른 부서의 부장님들, 심지어 임원들까지 있기 때문이다. 앞서 말했던 것처럼 인사담당자 역시 감정을 느끼는 평범한 사람이며 일을 하는 직장인이다. 대기실에서 시끄럽게 떠드는 지원자들이 곱게 보일 리가 없다.

면접의 시작은 면접관들과 마주하게 되는 면접실부터가 아니다. 면접 대기실뿐만 아니라 정해진 시간보다 조금 더 일찍, 단정한 복장과 헤어스타일을 준비하는 자신의 집에서부터 시작되는 것이다.

하루는 면접장에서 나온 한 면접관의 표정에 당황한 기색이 역력했다. 이런 경우 열에 아홉은 지원자가 면접 도중 울음을 터뜨린 것이다. 한때 극도의 스트레스를 유발하는 질문으로 지원자들의 답변 태도 및 순발력, 그리고 인성을 파악하는 '압박 면접'이 유행이었다. 하지만 압박 면접은 그런 질문을 해야 하는 면접관에게도 스트레스를 유발한다. 그래서 우리 회사에서는 사용하지 않는 면접 방식이다. 그런데 압박 면접도 아닌 면접장에서 왜 지원자가 울음을 터뜨린 것일까? 면접관으로부터 전해 들은 당시의 상황은 대강 이랬다.

"미국에서 호떡을 만들었던 경험이 특이하네요."

"네. 저는 미국에서 유학 당시 학비를 벌고자 한국에서 제가 즐겨 먹던 음식인 호떡을 만들어 팔았습니다. 쉽지 않은 도전이었지만 스스로의 힘으로 학비도 마련할 수 있었고 무엇보다 진짜 장사를 통해 비즈니스 마인드를 키웠습니다."

"그렇군요. 그런데 잘 안 팔리는 날에는 호떡 반죽이 남았을 텐데 그건 어떻게 처리했나요?"

"저…, 그게 그러니까…." (당황한 기색이 역력)

"제 질문이 너무 어려웠나요? (면접관 역시 당황) 개인적으로 궁금해서 그런 거니 너무 긴장하지 마세요. 그럼 다른 질문을 할게요. 호떡의 주재료는 밀가루인데 하루에 밀가루는 얼마나 필요했어요?"

"…." (당황한 나머지 울음을 터뜨림)

당시 면접관은 정말 개인적인 관심으로 '호떡 만들기'가 궁금했다고 한다. 면접관 역시 사람이기에 특이하거나 관심 있는 이력을 보면 호기심이 발동하기 마련이다. 게다가 출근해서 퇴근할 때까지 비슷한 복장과 머리스타일을 한 수십 명의 지원자들에게 비슷한 질문을 하고, 또 비슷한 답변을 들어야 하는 면접관들이 아닌가!

그래서 그 면접관은 순수하게 호떡을 만들기 위해 밀가루는 얼마나 필요한지, 또 팔다 남은 반죽들은 어떻게 처리하는지가 궁금했다. 그렇게 개인적 호기심에서 비롯한 구체적인 질문들로 결국 지원자의 거짓말이 들통 난 것이다.

사실 자기소개서를 그럴듯하게 꾸미기 위해 거짓말로 지원서를 포장하거나 모범답안을 베껴 쓰는 지원자들이 간혹 있다. 그렇게 꾸며서 자기소개서를 쓴 몇몇 지원자들은 거짓말이 들통 나면 당황한 나머지 울음을 터뜨린다. 안타깝지만 이런 지원자는 면접에서 좋은 점수를 받지 못한다.

'설마 면접장에서 우는 사람이 있어?' 생각하겠지만 면접 시즌마다 꼭 발생하는 일이다. 또 많은 지원자들이 면접 도중 부모님에 대한 이야기를 하다가 운다. 많은 회사에서 '살면서 가장 어려웠던 경험과 그것을 현명하게 극복한 사례'를 자기소개서 항목에 포함시키는데 여기에 부모님과 관련된 일을 적는 경우가 있다. 그런데 어려웠던 시절이 떠올라서인지, 아니면 면접이라는 극도의 긴장 상황 때문인지 채 이야기를 꺼내기도 전에 울어버린다.

물론 누군가의 아들과 딸인 면접관 역시 그런 지원자의 마음을 이해할 것이다. 효자, 효녀라는 생각도 들고 마음이 참 여리다는 생각도 든다. 하지만 이것은 어디까지나 인간적인 감정일 뿐 회사에서 같이 일해야 하는 신입사원을 뽑는 자리에서는 냉정한 결정을 내릴 수밖에 없다.

흔히 사회를 총성 없는 전쟁터라고 표현한다. 그만큼 치열하고, 면접보다 몇 배는 심한 스트레스 상황에 놓이게 된다. 그런데 이렇게 심성 곱고 여린 지원자들이 과연 그 상황을 현명하게 이겨낼 수 있을까? 이런 걱정이 드는 게 사실이다. 회사에서는 자신감 넘치고 무슨 일이든 할 수 있을 것 같은 패기 넘치는 예비 직장인을 채용하고 싶다. 당연히 면접에서 우는 지원자는 학생 티를 벗지 못한 어린 친구로 보일 가능성이 높은 것이다. 앞서 거짓말을 한 지원자처럼 이들 역시 면접에서 좋은 점수를 받을 확률이 낮다.

전 세계 67개국 19개 언어로 출간된 책,《준비된 행운》에는 이런 말이 있다.

"우연만을 믿는 사람은 준비를 하는 사람을 비웃는다. 준비를 하는 사람은 우연 따위에는 신경을 쓰지 않는다. 행운이 찾아오지 않는 데에는 그럴 만한 이유가 있다. 행운을 움켜쥐려면 미리 준비를 해야 한다. 행운을 맞이할 준비는 자기 자신밖에 없다. 그리고 그 준비는 누구나 당장 시작할 수 있다."

청년 실업자 100만 명 가운데 당신이 취업이라는 행운을 거머쥐길 바란다. 그러기 위해서는 철저한 준비가 필요하다. 치열한 서류전형의 관문을 뚫고 당신은 면접의 기회를 잡았다. 하지만 모든 기회에는 어려움이, 또 모든 어려움에는 기회가 있기 마련이다. 부디 인사담당자가 가장 싫어하는 유형의 지원자가 되지 말자.

면접의 마음가짐 첫 번째는 누가 뭐래도 '진솔함'이다. 면접 또한 면접관과 지원자 간에 커뮤니케이션이 오가는, 사람끼리의 만남이라는 것을 잊지 말자. 모든 인간관계의 시작이 믿음에 바탕을 두고 있는 것처럼 면접관에게 잘 보이고 싶다는 한순간의 유혹에 넘어가 거짓말로 자기를 포장해서는 안 된다는 뜻이다. 순간의 유혹은 달콤하겠지만 거짓말이 들통 나 소중한 기회를 잃게 되었을 때의 후회는 심히 고통스러울 것이다.

면접에 임하는 두 번째 마음가짐은 '자신의 감정을 조절하는 것'이다. 많은 지원자들이 면접 앞에 불안정한 감정 상태와 심한 스트레스 상황에 놓이게 된다. 이 관문만 통과하면 취업이라는 행운을 잡을 수도, 혹은 눈앞에서 놓칠 수도 있기 때문이다. 설령 여태까지 키우느라 고생하신 부모님 얼굴이 떠오르더라도, '이젠 떨어졌구나!' 싶은 절망의 감정이 파도처럼 밀려올지라도 끝까지 자기감정을 통제해야 한다.

미국의 종교학자 시드로우 백스터는 이렇게 말했다.

"장애물과 기회의 차이는 무엇인가? 그것에 대한 우리의 태도다. 모든 기회에는 어려움이 있으며 모든 어려움에는 기회가 있다. 어려운 환경이 닥쳤을 때, 뛰어난 태도를 지닌 사람은 최악의 상황을 최대한으로 이용한다."

면접을 보는 당신은 운 좋게 별 어려움 없이 기회를 잡을 수도 있다. 하지만 넘기 어려운 장애물에 걸려 넘어질 수도 있다. 모두가 전자의 상황을 바라겠지만 이것은 우리가 선택할 수 있는 사항이 아니다. 그렇다면 내가 손댈 수 없는 것들에 대한 생각은 치워버리고 모든 어려움에는 기회가 있다는 말을 믿어보자. 그리고 어려운 상황이 닥치더라도 그것을 최대한으로 이용해 기회로 역전시켜보자.

면접은 취업의 막판 뒤집기

모든 새것은 옛것의 변형이며, 하늘 아래 새로운 것은 없다.
- 다산 정약용

창의성의 비밀은 그 창의성의 원천을 숨기는 방법을 아는 데 있다.
- 아인슈타인

창의성이란 단지 모든 것을 연결한 것이다.
- 스티브 잡스

위 세 사람의 공통점은 천재, 최고의 혁신가, 창의력의 대가 등으로 불린다는 점이다. 또한 창의성이란 우리가 생각하는 것처럼 완전히 새로운 것이 아니라고 말하고 있다. 그들은 단지 현재 있는 것을 새롭게 정의 내리는 것, 그것이 창의력이라고 주장했다. 나는 이 장에서 모방과 창의력의 연관관계에 대해 이야기하고자 한다. 그리고 이것이 면접을 준비하는 당신에게 유용한 팁이 되길 바란다.

"좋은 예술가는 모방하고, 위대한 예술가는 훔친다."

(Good artists create. Great artist steal.)

1996년 미국의 PBS 다큐멘터리에서 스티브 잡스가 한 말이다. 그는 애플의 혁신이 다른 곳의 아이디어를 빌려온 데서 시작했다며 피카소의 유명한 이 격언을 인용했다. 당시 애플은 삼성전자, 노키아, 모토

로라와 특허 분쟁 중이었고 그는 "위대한 아이디어를 훔쳤다는 사실에 한 점 부끄러움이 없다"고 당당히 밝혔다.

"창의력의 비밀은 훔치는 것에 있다."

잘 알려진 것처럼 스티브 잡스는 제록스의 팔로 알토 연구센터(PARC, Palo Alto Research Center)를 방문한 후 그곳에서 아이디어를 훔쳤다. 그 결과 첫 번째 상업용 컴퓨터 리사를 만들었고, 마침내 매킨토시를 출시할 수 있었다. 빌 게이츠 역시 매킨토시로부터 아이디어를 훔쳐 '윈도우 운영체제'를 개발했다. 스물일곱 살의 억만장자 마크 주커버그 또한 대학교 졸업 앨범에서 아이디어를 빌려 '페이스북'을 만들었다. 2008년 전 세계에서 흥행 수입 27억 달러 이상을 벌어들인 영화 〈아바타〉는 1990년에 제작된 〈늑대와 함께 춤을〉이라는 영화와 스토리 구조가 87퍼센트 유사하다. 즉 과거에 제작된 영화에서 아이디어를 훔쳐 온 것이다.

세상을 바꾼 창조는 모방에서 시작되었다고 주장하는 데이비드 코드 머레이는 그의 저서 《바로잉Borrowing》에서 기존의 아이디어를 빌리는 것에 대해 이렇게 말하고 있다.

"비슷한 문제를 안고 있는 곳에서 아이디어를 빌려라. 독창성과 표절은 종이 한 장 차이다. 둘의 구분은 아이디어를 어디에서 빌려왔는가에 따라 결정된다. 같은 분야가 아닌 멀리서 빌려올수록 창의성은 더 높이 평가받는다.

빌린 아이디어들을 서로 연결하고 결합하라. 머릿속에 둥둥 떠다니는 아이디어들을 다양하게 결합하다 보면 꼭 들어맞는 조합을 찾아낼 수 있다. 그 둘을 합친 뒤에 어떤 일이 일어나는지 보면 딱 맞물리는 퍼즐 조각이 맞춰진다."

앞서 말했듯이 내가 모 항공사의 면접에서 면접관에게 보기 좋게 구박을 받았던 이유가 바로 여기에 있다.

'Impossible에 점 하나를 붙이면 I'm possible이 된다.'

나는 이 말을 취업 관련 서적에서 보았다. 완벽히 같은 영역에서, 게다가 다른 아이디어들과 조합하고 결합하는 단계를 거치지 않고 그대로 가져오기만 한 것이다. 즉 창조를 위한 모방이 아닌 말 그대로 표절만 했을 뿐이다. 그래서 실패한 것이다.

내가 이토록 훔쳐오기가 창의성의 원천임을 길게 설명하는 이유는 이 빌려오기 전략이 면접 준비에 유용한 팁이 될 수 있기 때문이다. 취업 포털사이트 등에 떠돌아다니는 수많은 면접 후기만 봐서는 면접에서 돋보이는 답변을 할 확률이 희박하다. 면접관들은 지원자들의 엇비슷한 대답들에 지칠 대로 지쳤기 때문이다. 면접관들에게 신선하고 창의적인 느낌을 주려면 되도록 먼 타 영역에서 아이디어를 빌려오고 그것들을 머릿속에서 재조합해야 한다. 즉 바로잉borrowing이 필요한 것이다.

다음은 미국의 억만장자 크리스 가드너의 실화를 바탕으로 제작된 영화 〈행복을 찾아서〉의 면접 장면이다. 남자 주인공 역할을 맡은 윌 스미스가 실제 그의 아들 제이든 스미스와 함께 출연해 화제가 된 영화이기도 하다.

월 스미스가 연기한 극중 크리스는 지독히도 가난한 집안의 가장이다. 아내가 다섯 살 난 아들만 남겨둔 채 집을 나간 후 그는 어린 아들과 지하철 화장실을 전전하는 노숙자 신세가 된다. 그러던 중 우연찮은 기회로 고급 스포츠카를 탄 증권 중개인을 보고 증권회사 인턴십에 지원하게 된다. 하지만 면접 전날 세금을 내지 않아 집에 페인트칠을 하던 채로 유치장에 갇히게 되고, 그곳을 나오자마자 그 모습 그대로 면접장으로 직행한다. 면접관들은 면접 복장도 제대로 갖추지 않고 나타난 그를 향해 따가운 눈총을 보낸다. 이 상황 속에서 면접이 진행된다.

"옷차림이 이런 이유를 어떻게 설명할까 곰곰이 생각해봤습니다. 어떻게 하면 근면, 성실, 정직과 같은 제 장점과 이것을 연결할 수 있을까 해서요. 그런데 없더군요. 솔직히 불법주차 과태료 체납으로 어젯밤 체포되었다 풀려났습니다."

"뭘 하다 체포됐나?"

"집 페인트칠이요."

"똑똑하다고 들었네. 고등학교 때 반에서 1등 했다고. 몇 명 중에서?"

"12명이요. 작은 촌동네였죠. 해군 레이더 수업도 1등 했어요. 그때는 20명이었고요."

"그게 전부구만."

"제가 한마디 드려도 괜찮겠습니까? 저는 제가 모르는 것에 대해서
는 솔직하게 모른다고 말합니다. 하지만, 저는 답을 찾는 방법을 알고
있습니다. 그리고 반드시 찾아냅니다."

"크리스, 내가 셔츠도 안 입고 면접 온 사람을 채용해야 한다면 그
이유가 무엇이라고 생각하나?"

"그 녀석이 아마도 끝내주는 속옷을 입었겠죠!"

"하하하하."

면접관들 모두 서로의 얼굴을 쳐다보며 박장대소하고 결국 그를
채용한다. 그것도 최고의 점수로 말이다.

나는 당신이 취업 포털 커뮤니티에 올라온 면접 후기들보다 이런
타 영역의 사례로부터 아이디어를 빌려오길 바란다. 어린 아들을 키우
는 노숙자에서 월스트리트의 신화라 불리며 억만장자가 된 크리스가
면접관들의 마음을 움직일 수 있었던 이유는 다음의 세 가지다.

1. 이게 아니면 안 된다는 절박함

2. 위기의 상황에서도 위축되지 않는 자신감

3. 딱딱한 분위기를 화기애애하게 만드는 위트

당신이 면접을 앞두고 있다면 이 세 가지 키워드를 꼭 기억하자. 신
입사원의 열 명 중 세 명이 자발적으로 퇴직하는 상황에서 인사담당
자들은 우리 회사가 아니면 안 된다는 절박함을 가진 지원자를 뽑고

싶다. 만약 당신이 크리스였다면 더러운 옷에 헝클어진 머리 그대로 면접장에 갈 수 있었을까? 아마 많은 사람들이 현실을 원망하며 면접을 보기도 전에 포기했을 것이다. 하지만 크리스는 최악의 상황에서도 포기하지 않았다. 그만큼 절박했기 때문이다.

또한 그는 주변의 시선, 타인의 부정적인 판단에 상관없이 스스로를 믿었다. 본인조차 자신을 믿지 못하는데 면접관들이 어떻게 그 사람을 믿고 채용할 수 있겠는가? 초라한 스펙, 외모, 배경을 이길 수 있는 단 한 가지의 강력한 무기는 '자신감'이란 사실을 반드시 기억하자. 자신감에 찬 지원자들은 눈빛부터 다르다. 면접관들은 이런 지원자들을 한눈에 알아볼 수 있다. 또한 인사담당자들이 가장 좋아하는 눈빛이기도 하다.

자신감이 있는 지원자들은 떨지 않는다. 긴장은 되지만 합격에 대한 확신이 있기 때문에 면접장을 화기애애하게 만드는 위트를 보이기도 한다. 이런 지원자들은 온종일 비슷한 앵무새 대답들로 지친 면접관들에게 피로회복제 같은 존재가 된다.

할 수 없다고 미리 단정 짓지 말자. 우리는 얼마나 많은 기회의 순간에 지레 겁을 먹어 스스로 포기했던가? 면접 수험표에 아래의 말을 고이 담아가자. 그리고 이 말을 수험표를 달게 될 당신의 가슴속에 깊이 새겨 넣길 바란다.

할 수 없을 것 같은 일을 하라. 실패하라. 그리고 다시 도전하라. 이번에는 더 잘 해보라. 넘어져 본 적이 없는 사람은 단지 위험을 감수해본 적이 없는 사람일 뿐이다. 이제 여러분 차례다. 이 순간을 자신의 것으로 만들라.

  - 오프라 윈프리

나를 돋보이게 하는 면접의 7가지 매너

'매너손'이란 말이 있다. 나는 이 단어를 포털사이트 인기 검색어에서 처음 알게 되었다. 종종 유명 남자 연예인 이름과 함께 등장하는 매너손. 호기심에 관련 기사들을 클릭해봤다. 네이버 오픈 사전에 올라온 매너손의 정의는 보통 여자를 배려하여 신체 접촉을 최소화하려는 남자의 노력을 말한다. 가까이 다가갈 수밖에 없는 상황에서 상대의 몸에 손을 대지 않기 위한 남자 연예인들의 노력을 '매너손'이라 빗대어 표현한 것이다.

나의 매너손에 대한 호기심은 우리에게 친숙한 단어인 '매너'로 옮겨갔다. '일상생활 속에서 흔히 사용하는 매너라는 단어. 매너의 정의는 무엇일까?' 대학시절 국제매너 교양수업 교수님은 사람들이 혼용해서 사용하고 있는 매너와 에티켓의 차이에 대해 이렇게 설명했다.

매너 : 포괄적이고 강제성이 없는 상대방에 대한 배려

에티켓 : 객관적 기준이 있는 당연히 지켜야 할 예의 규범

쉽게 말하면 매너란 지키면 내 이미지에 플러스가 되는 것이다. 남자 연예인들의 상대 여배우에 대한 배려가 매너손이라며 칭찬을 받는 것처럼 말이다. 에티켓의 경우에는 예의범절의 범주로 그 요구도가 높아 규칙에 가깝다. 그러나 상대를 배려하는 주관적 행동양식인 매너는 지키지 않는다고 해서 비난을 받지는 않는다. 예를 들어 면

접장에서 면접관에게 인사를 하는 것이 에티켓이고, 성의 없이 인사를 하느냐, 공손하고 예의바르게 인사를 하느냐는 매너의 문제인 것이다.

면접에서의 매너는 중요한 의미를 지닌다. 짧은 시간 내에 내가 가진 장점을 최대한 어필해야 하는 곳이 면접장이기 때문이다. 하지만 많은 구직자들이 자기소개서에 들이는 정성만큼 면접을 준비하지 않는 것 같다. 물론 자기소개서는 취업의 첫 번째 관문을 통과하는데 매우 중요하다. 하지만 면접에 통과하지 않으면 서류전형의 통과가 무슨 의미가 있단 말인가?

면접에서 자신을 돋보이게 만들어줄 일곱 가지 매너를 소개한다.

1. 면접관련 문의 전화도 예비 면접이 될 수 있다

서류전형 발표가 나면 사무실의 전화는 쉴 새 없이 울려댄다. 그 전화 내용들은 크게 세 가지 용건으로 요약된다.

첫째, 탈락 사유를 따져 묻는 전화. 둘째, 지원서 제출 오류에 대한 하소연. 셋째, 면접전형에 대한 문의 전화.

첫 번째, 두 번째 전화는 그렇다 치더라도 세 번째 용건으로 전화를 거는 지원자는 매너에 각별히 신경을 써야 한다.

간혹 다소 까칠하고 예의를 차리지 않는 지원자들의 전화 매너에 깜짝 놀라는 경우가 있다. 정도가 심한 경우 몇몇 인사담당자들은 전화를 건 사람의 번호를 확인하기도 한다. 요즘 대부분의 사무실 전화기에는 발신자의 번호가 뜨기 때문에 충분히 가능한 일이다. 물론 전화 매너가 면접 점수에 직접적인 영향을 미치지는 않는다. 하지만 인사담당자는 채용 활동 전반에 영향력을 미치는 중요한 사람임을 잊지 말아야 한다.

2. 늦게 도착한 당신 우리 회사에 들어올 마음이 없어 보인다

우리가 늦는 이유는 다양하다. 대한민국의 막히는 도로, 고장 난 지하철, 접촉사고, 초행길, 급작스런 생리적 상황 등. 하지만 바꾸어 생각해보면 이런 이유들 때문에 조금 더 서둘렀어야 했다. 즉 지각에는 변명이 통하지 않는다는 말이다.

시간관념은 어느 회사에서나 굳이 중요하다고 말할 필요가 없을 만큼 기본 중에 기본이다. 물론 지각한 지원자들의 면접 순서를 조정해주기도 하지만 이런 경우 처음부터 이미지에 마이너스를 안고 시작한다고 보면 된다.

어떤 변명도 통하지 않는다. 절대 늦지 말자. 간혹 다른 회사와 면접 시간이 겹쳐서 늦는 지원자들이 있다. 이런 경우에는 면접전형 합격자 공지 후 바로 회사로 전화해 일정을 조정해야 한다. 이때 순진하게 타 회사 면접 때문이라고 밝히기보다는 다른 적당한 이유를 대는 것 또한 매너의 일부다.

3. 회사 이슈를 잘 아는 것도 매너다

간혹 지원한 회사에 대한 아주 기본적인 지식도 없이 면접을 보는 지원자들이 있다. 다른 회사의 면접을 위한 연습 차원의 면접일 수도 있겠다. 하지만 이런 태도로 면접에 임하다가는 진짜 입사하고 싶은 그 회사에서도 성공을 보장할 수 없다. 이것은 기본적인 태도의 문제기 때문이다.

면접 하루 전까지는 그 회사의 홈페이지, 최근 6개월 내의 뉴스, 그리고 사회 경제 전반에 걸친 이슈와 회사의 상관관계에 대해 사전 학습을 마쳐야 한다. 얼마나 준비했느냐에 따라 그날의 자신감이 달라진다. 면접은 로또 같은 복권이 아니다. 아무런 준비 없이 모든 것을 운에 맡기고 당첨되길 바라지 말자.

4. 면접 대기실, 모두 관찰당하고 있다

면접 대기실에 있는 지원자들의 모습은 정말 다양하다. 혼자 예상 답지를 달달 외우는 모범생형, 다른 면접자의 전화번호를 받으며 친목을 다지는 사교형, 시끄럽게 전화 통화를 하는 수다쟁이형, 쉴 새 없이 카톡과 페이스북을 하는 스마트폰 중독형, 그리고 대기실 인증샷을 찍는 셀카 사랑형 등 말이다.

개인적인 생각이지만 이 모두 대기실에서의 올바른 자세는 아닌 것 같다. 내가 생각하는 이상적인 지원자의 모습은 이렇다. 마치 대기장이 아닌 면접장에 있는 것처럼 자세를 바르게 하고, 미소를 띤 밝은 표정으로 가만히 상상을 해보는 것이다. 면접관이 있는 방 안에 들어가서 인사를 하고 자리에 앉는 순간부터 질문에 차분하면서도 자신감 있게 대답하는 본인의 모습을 말이다. 면접관의 표정은 전에 없이 밝고 내 면접 채점표에 크게 A 플러스 표시를 한다. 바로 '자기 암시'를 하는 것이다.

자기 암시는 자신의 가장 성공적인 모습을 상상함으로써 상상을 현실로 이끌어내는 방법이다. 성공적인 면접의 모습을 상상해보자. 생생한 상상은 성공에 대한 자신감으로 이어져 좋은 결과로 이끌 뿐만 아니라 대기실에서의 매너 있는 모습도 유지할 수 있다.

5. 옷이 당신이 누구인지 말해준다

지나치게 옆트임이 심한 스커트, 발가락이 훤히 보이는 구두, 구겨진 양복바지, 몸에 맞지 않아 빌려 입은 듯한 정장. 이 모두가 면접에 적합한 옷차림은 아니다. 실제 취업 포털 잡코리아가 기업의 면접관 116명에게 조사한 결과 면접관 다섯 명 중 네 명인 81.9퍼센트는 '실제 면접 복장이 불량한 지원자를 탈락시킨 경험이 있다'고 답했다.

탈락시킨 지원자 유형은 머리를 감지 않았거나, 얼룩이 많은 의복을 입는 등 성의 없는 옷차림을 한 경우(66.3%), 짧은 스커트나 속옷이 비치는 지나친 노출 의상(51.6%), 과하게 염색한 헤어스타일(43.2%), 정장 차림이 아닌 지원자(24.2%), 과도한 메이크업(24.2%) 등이었다.

한 가지 더 추가한다면 진한 향수 냄새다. 면접장은 사방이 막힌 좁은 장소기 때문에 평소에 향수를 즐겨 쓰더라도 면접이 있는 날은 자제하길 당부한다.

6. 자세가 나를 돋보이게 만든다

좋은 옷을 입어도 어딘지 안 어울리는 사람이 있다. 체형의 문제라기보다는 그 사람의 자세 때문에 그렇게 보일 확률이 높다. 같은 맥락에서 특히나 자세가 불량해 보이는 지원자들이 있다. 이들은 자신도 모르게 의자 등받이에 너무 편하게 기대앉은 경우가 많다. 평소 습관으로 굳어진 자세라 면접장에서도 그렇게 앉아버린 것이다. 물론 그 지원자는 굉장히 예의 바르고 성실한 사람일 수 있다. 하지만 짧은 시간 내에 치르는 면접에서 불량해 보이는 이미지는 큰 감점요인이 된다. 면접 전 주변 사람들에게 자세에 대한 체크를 받아보자. 사진이나 동영상 촬영을 해서 보는 것도 본인도 모르게 굳어진 자세 체크에 큰 도움이 된다.

7. 얼굴 말고 말투를 성형하라

요즘 지원자들은 문자와 채팅에 익숙한 세대기 때문에 줄임말이나 은어를 많이 사용한다. 하지만 아무리 면접관이 "편하게 대답하시면 됩니다"라고 말하더라도 결코 편안한 자리가 아니다. 따라서 편안한 마음가짐으로 말하되 말투에는 정중함이 묻어나도록 최대한 공손하게 말해야 한다. 많은 지원자들이 면접에서 좋은 이미지를 심어주기 위해 성형수술을 한다는 기사를 본 적이 있다. 하지만 얼굴 성형을 생각하기 전에 말투 성형이 필요하지는 않은지 점검해보길 권한다.

체스터필드 코트(남성용 코트 가운데 가장 전통적이고 격식을 갖춘 형태, 신사의 정신을 상징하는 코트로 여겨진다)의 유래로 유명한 영국의 체스터필드 백작

은 '매너란 지식에 광채를 나게 하고, 처신에 원활함을 준다'고 말했
다. 당신의 역량 및 가능성을 보여주고 싶다면 위의 일곱 가지 면접 매
너를 꼼꼼히 따져봐야 한다.

연애하듯 면접 보기

취업 포털사이트 사람in에서는 구직자들을 위해 면접 잘 보는 법에 관한 여러 가지 동영상 자료를 제공한다. 자료들 중에는 공감 가는 내용도 있고 조금 과장된 내용도 있다. 나는 그중 '실시간 면접 게이지'라는 제목의 영상을 꼭 한 번 보기 바란다.

이것은 사람in의 직원들과 인턴들이 자체 제작한 영상 중 하나로, 면접에서 놓치기 쉬운 부분들을 게임 시뮬레이션의 형태로 쉽게 알려주고 있다. 지원자가 면접 안내 전화를 받는 순간부터 면접을 마치고 집에 돌아갈 때까지의 상황을 그린 것인데, 오락실 게임처럼 잘하면 갖고 있는 파워가 올라가고 실수를 하면 파워가 떨어지는 식이다. "지금부터 면접과정 전반에 걸쳐 피면접자가 지나칠 수 있는 사소한 실수들을 실시간으로 체크해드리겠습니다"로 시작하는 이 영상의 내용을 간단히 살펴보면 다음과 같다.

면접 안내 전화에 성의 없이 대답하는 지원자 : 건성 대답(-5점)

채용 담당자보다 먼저 전화 끊는 지원자 : 먼저 끊기(-5점)

면접 대기 장소에서 셀카 찍으며 불량 자세로 있는 지원자 : 건방진 자세(-5점)

면접 장소에서 인사하고 대답하는 지원자들 : 밝은 표정(+10점), 바른 인사(+10점)

옆 사람의 자기소개를 듣는 지원자 : 표정 관리(-10점), 경청 안 함

(-10점), 니 말만 준비(-10점), 딴 데 보기(-10점)

개인질문에 대답하는 지원자 : 당당한 목소리(+10점), 또렷한 시선(+10점), 단어 반복(-5점), 심한 버벅(-5점), 심한 오버(-5점)

이 영상은 지원자가 면접을 마친 후 전화로 친구에게 면접관 욕을 하고 있는데 그 말을 면접관이 들으면서 끝이 난다. 실제로 면접장이 위치한 층의 화장실에서 지원자들이 면접에 관해 이러쿵저러쿵 이야기하는 걸 들어본 나로서는 이 마지막 엔딩에서 웃음을 터뜨렸다.

면접에 대해 많은 이야기를 하다 보니 '면접'은 나와 잘 맞는 상대를 찾는 '연애'와 참 많이 닮았다는 생각이 든다.

연애와 면접의 공통점

- 첫인상이 매우 중요하다.
- 자기 치장은 필수다. 옷도 사고, 거울을 많이 보게 된다.
- 상대방의 마음을 얻기 위해 기꺼이 나를 희생하기도 하고, 열심히 발품을 팔기도 한다.
- 상대를 원하면 원할수록 돈과 시간을 더 많이 투자하게 된다.
- 상대는 자꾸 밀어내려 하지만 나는 자꾸 당기고 싶다.
- 외모도 보지만 점차 내면을 보게 된다.
- 설레지만 초조하고 떨리기도 한다.
- 행복과 동시에 스트레스를 준다.

- 상대방의 문자와 전화가 하루에도 몇 번씩 기다려진다.

- 상대를 위해 정성 들여 글을 쓰게 된다.

- 더 나은 사람이 되려고 노력한다. 설령 아니더라도 그런 척이라도 하며 애쓴다.

- 일부러라도 더 많이 웃는다.

- 상대방이 나를 평가하고 그로 인해 내 감정이 좌지우지된다.

- 처음이 힘들지 하다 보면 는다.

- 나의 현재뿐 아니라 과거, 미래에 대해서도 이야기하게 된다.

- 두렵다. 다시 그 상대를 만나지 못할까 봐 말이다.

- 나는 준비가 되었는데 상대방은 그렇게 생각하지 않는 것 같다.

- 이것으로 인해 술을 마시고, 울기도 하고, 심지어 욕도 서슴지 않게 된다.

- 그래도 단 한 번이 아니라 그나마 위로가 된다.

연애에 크게 데인 사람은 다시는 사랑 따위는 하지 않을 거라고 말한다. 면접에 크게 데인 사람은 다시는 그 회사를 쳐다보지도 않을 거라고 말한다. 삼성전자에 떨어진 사람은 삼성전자 제품은 평생 안 산다고 하고, 아모레퍼시픽에 떨어진 사람은 다시는 태평양 화장품은 안 쓴다고 장담한다.

하지만 면접의 결과가 실패라고 해도 실망하거나 원망하지 말자. 사랑처럼 면접도 기회는 또 오기 마련이다.

다음은 영화 〈시네마 천국〉에 나오는 이야기다.

예쁜 공주가 살고 있었다. 그리고 그 공주를 사랑하는 병정이 있었다. 병정은 공주와의 신분 차이를 걱정했지만 용기를 냈다.

"공주님을 아주 어렸을 때부터 사랑하고 있습니다. 공주님이 없는 삶은 저에게 아무 의미가 없습니다. 제 사랑을 받아주세요."

병사의 고백을 받은 공주는 곰곰이 생각을 하더니 아무 말 없이 자기 방으로 돌아갔다. 다음날, 그리고 그 다음날도 공주는 나타나지 않았다. 그렇게 한 달이 지난 어느 날, 공주는 말했다.

"나를 정말 사랑한다면 증거를 보여주세요. 그대가 100일 동안 내가 잘 보이는 발코니 앞에서 꼼짝없이 기다려준다면 내 방의 창문을 열어 그대의 사랑을 받아들이겠어요."

그날 밤부터 병사는 공주의 방이 잘 보이는 곳에서 기다리기 시작했다. 10일, 20일이 지나도 병사는 꿈쩍 하지 않았다. 비가 오나 바람이 부나 눈이 오나, 날아가는 새가 변을 보아도, 벌한테 쏘여도….

그렇게 90일이 지나자 병사는 전신이 마비가 오고 탈진이 되었다. 하지만 병사는 눈물만 흘릴 뿐이었다. 그렇게 99일이 되는 마지막 밤. 병사는 말없이 일어나 어디론가 사라져버렸다. 아주 먼 곳으로 사라져버렸다.

어렸을 때 이 이야기를 들은 주인공은 나중에 나이가 들어 이렇게 얘기한다.

"왜 병사가 마지막 날 밤에 떠났는지 알 것 같아요. 하룻밤만 참으면 공주와 결혼할 수 있었을지 모르지만 만약 공주가 그 약속을 지키지 않는다면 그 고통은 이루 말할 수 없겠지요. 그러면 병사는 아마 고통에 못 이겨 죽어버렸을 거예요. 병사는 그것이 두려웠던 거죠. 그 래서 99일째 되는 밤에 공주가 자신을 기다렸다는 환상을 품고 떠나 간 겁니다."

나는 그래도 이렇게 말하고 싶다.
"여러분은 절대 먼저 포기하지 마세요. 기회는 또 옵니다."

3장

인턴을 향한 인사담당자의 수다

인턴에게 들려주는 스타벅스 이야기

바꿀 수 있는 것을 바꿔라

인턴기간 중 반드시 해야 할 일

이런 인턴, 진짜 싫다

진로 고민하느라 바쁜 인턴들

인턴에서 멈추는 사람 인턴에서 성장하는 사람

인턴에게 들려주는 스타벅스 이야기

무언가에 몰두하고 싶을 때, 편하게 충전하며 글을 쓰고 싶을 때, 새로운 아이디어를 내고 싶을 때, 그리고 안 풀리는 문제의 해결책을 고민할 때 나는 스타벅스에 간다.

그냥 카페가 아니라 반드시 스타벅스여야만 한다. 나는 카페라떼 없이 살 수 없는 커피홀릭이다. 어린 시절 카페인으로 인한 '심장 벌렁거림증'으로 커피를 못 마시던 내가 커피 마니아가 된 데는 그만한 이유가 있다.

나는 일 벌리는 데 선수인데다가, 배우고 싶은 것도 많고, 하고 싶은 일 또한 너무 많다. 하지만 하루는 24시간으로 한정되어 있다. 그래서 자주 잠을 줄여서라도 하고 싶은 일들을 하다 보니 자연스럽게 커피홀릭이 되었다. 술을 잘 못하는 내게 카페라떼는 속상할 때 마시는 소주 한 병, 또 가끔은 기분 좋을 때 마시는 시원한 맥주 한 잔의 역할을 톡톡히 해낸다.

그래서 쉬는 날에도 일부러 카페를 찾아가곤 한다. 물론 결혼을 한 지금까지도 그렇다. 모처럼 함께 시간을 보낼 수 있는 한가로운 주말 낮에도 남편에게 청소 좀 해달라는 부탁 아닌 강요를 한 후 혼자서 스타벅스에 간다. 아이를 낳은 지금도 가끔씩 잠든 아기를 그에게 맡기고 혼자만의 스타벅스 데이트를 즐긴다. 이 지면을 빌려 남편 버리고 '커피 애인'에게 달려가는 부인에게 할인카드까지 챙겨주는 자상한 남편에게 고마움을 표하고 싶다.

안타깝게도 우리 집 근처에는 스타벅스가 없다. 커피가 마시고 싶을 때는 집 근처 카페를 찾기도 하지만 창의적인 사고활동을 해야 할 때면 스타벅스에 가야 한다. 그래서 일부러 버스까지 타고 찾아간다.

물론 스타벅스만큼 크고 유명한 커피 체인이 많이 생겼지만 여전히 스타벅스는 여타 커피 전문점들과는 확연히 다르다. 다른 곳들보다 더 나은 이점을 가진 '차별화된 장소'가 아니라 아예 경쟁자가 없는 그래서 확실히 '구별화된 장소'다.

너무 어둡지도 밝지도 않은 은은한 조명과 요즘 유행하는 자극적인 내용의 가요가 아닌 적당한 템포의 팝송, 눈이 편안한 나무색의 의자, 간간히 벽에 걸려 있는 이름 모를 예술가의 그림 등이 스타벅스의 특징이다. 사람을 작은 진동 기계 따위로 호출하는 삭막함이 없고, 간혹 커피가 써서 우유를 더 넣어달라고 하면 "다시 만들어드릴까요?" 라고 먼저 묻는 직원의 친철한 미소가 있다.

그 공간은 마치 살아있는 것 같기도 하고, 숨을 쉬는 영혼이 있는 곳 같기도 하다. 스타벅스는 특유의 영감을 불러일으키는 공간이다. 그래서인지 혼자 책을 읽거나, 노트에 무엇인가 끄적이거나, 노트북으로 작업을 하는 사람들이 많다.

나는 인턴들에게 인턴과 회사는 '약혼의 단계'라고 말한다. 약혼하면 대부분 결혼까지 가지만 몇몇은 꼭 파혼을 하게 된다. 정직원 채용을 목적으로 운영하는 인턴십에 통과한 사람들은 회사와 정식으로 약혼을 한 것이다. 하지만 그렇다고 해서 인턴 모두가 연봉계약서에 사인하는 혼인의 상태까지 갈 수는 없다. 인턴사원들은 회사와 무난히 결혼까지 갈 수도, 혹은 중간에 파혼을 할 수도 있다. 그렇기 때문에 나는 인턴사원들에게 '차별화된 인재'가 아닌 '구별화된 인재'가 되어야 한다고 주장한다. 마치 스타벅스처럼 말이다.

오늘도 여기저기 생겼다 금세 사라지는 수많은 커피 전문점들은 아무리 노력해도 스타벅스를 따라올 수 없다. 그런 곳들은 여타 커피 전문점들과의 경쟁에서 이기려고 차별화를 시도하지만 스타벅스는 애초에 자기만의 색과 스토리를 가진 구별화된 장소기 때문이다. 당신도 경쟁자를 이겨 차별하기보다는 나만의 것이 확실한 구별화된 인턴이 되어야지 회사와의 백년가약을 맺을 수 있다.

얼마 전 스타벅스에 한 번 더 흠뻑 반한 일이 있었다. 스타벅스의 창립자이자 현직 회장 겸 CEO 하워드 슐츠를 만나고부터다. 그는

2000년 경영 일선에서 물러나 이사회 회장직을 맡았다. 그러나 2007년 스타벅스는 위기를 맞는다. 매출 및 영업이익, 인지도에서 하락세를 보이며 방문 고객 증가율이 사상 최저치를 기록했다. 시가 총액 25조 원이라는 세계 최대의 커피 회사 스타벅스는 핵심가치와 초심을 잃은 채 매장 수 불리기에만 급급했고 그렇게 총체적 위기에 빠진 것이다. 승승장구하던 주가도 무려 42퍼센트나 하락했다. 심각한 위기였다.

"스타벅스는 나의 분신이기에 도저히 기울어지게 내버려둘 수 없었다."

하워드 슐츠는 2008년 1월, 8년 만에 다시 CEO로 전격 복귀하며 이렇게 말했다. 경영자로 복귀하자마자 미국 전역의 모든 스타벅스 매장의 문을 닫고 전사원 교육을 실시했다고 한다. 전체 교육을 위해 그가 포기한 하루 매출은 70억 원이었다. 그가 돌아온 지 3년만인 2010년 스타벅스는 11조 원의 매출을 기록하며 제2의 전성기를 맞이하게 된다. 창립 이래 사상 최대의 매출이었다.

나는 경제전문지 포춘 선정 '2009년 최고의 CEO'이자 타임지 선정 '세계에서 가장 영향력 있는 100인'에 뽑힌 그를 직접 만나는 기회를 갖게 되었다. 그는 위기의 회사를 살린 3년 동안의 일을《온워드 Onward》라는 책으로 펴냈고, 그 책의 출판 기념 강연회를 갖고자 한국을 방문했다. 평일 저녁이었는데도 연세대학교 백주년기념관은 그의 강연을 듣고 싶어하는 수백 명의 사람들로 붐볐다.

위기의 스타벅스를 살린 하워드의 이야기는 마치 한 편의 드라마 같았다. 강연이 끝나고 질문 시간이 왔다. 화기애애한 분위기 속에 질문이 오가던 중 한 참가자가 이렇게 물었고 순간 강연장의 분위기는 얼어붙었다.

"최근 한국에서 스타벅스는 국내 브랜드 카페베네에 1위의 자리를 내놓았는데 이에 대해 어떻게 생각하시죠?"

아니, 이게 웬 분위기와 맞지 않는 질문이란 말인가? 젊고 큰 키에 유머까지 겸비해 CEO라기보다는 유명 영화배우 같았던 하워드 슐츠의 매력에 푹 빠진 청중들은 일제히 술렁거렸다. 산만한 분위기를 깨고 그가 조용히 입을 열었다.

"우리는 언제나 1등이었고, 지금도 변함없는 1등입니다."

그는 단순히 매장 수와 매출액으로 순위를 매길 수 없다고 말했다. 스타벅스의 '리더십', 그 안의 '파트너들(스타벅스는 종업원이라는 표현을 쓰지 않는다. 그는 스타벅스의 직원을 꼭 파트너라고 표현했다)', 그리고 '영혼'을 포함해서 우리는 언제나 1등이라고 설명했다. 그의 말이 끝나고 술렁이던 강연장이 잠시 동안 아주 조용해졌다. 나처럼 모두가 가슴 뭉클한 감동을 받았기 때문일 것이다.

당신은 어떤 한 분야만이라도 언제나 1등인 적이 있는가? 남들이 인정해주진 않더라도, 객관적 지표로 나타낼 수 없더라도 당신 마음으로 온전히 1등이라고 말할 수 있는 영역이 있는가? 당신은 인턴십 과정 중에 비록 돋보이는 프레젠테이션 주인공은 아니었지만 한 달의 발표 준비기간 동안 가장 열성적으로 팀 모임에 활동한 사람일 수 있다. 이런 사람은 준비와 노력 면에서 온전한 1등이다.

당신은 수많은 인턴들 중에 성적이 1등이 아닐 수는 있다. 하지만 회사 이름만 봐도 가슴이 두근거리는 사람이다. 회사를 상징하는 색깔만 봐도 반가운 친구를 만난 것처럼 마냥 좋다. 우연히 지나가는 차 안에서 멀리 회사 건물이 보이면 목을 쭉 빼고 그 건물을 쳐다보는 사람이다. 그리고 미소 지으며 "참, 좋다"라는 감탄사를 내뱉는다. 그렇다면 당신은 회사를 사랑하는 면에서 1등이다.

하워드 슐츠의 "우리는 언제나 1등이었다"라는 말을 들으니 원래도 잘생긴 그가 더욱 미남으로 보였다. 우리는 언제나 1등이었다고 말할 수 있는 그의 자신감, 그리고 회사에 대한 애정이 넘쳐 특별한 조명 없이도 반짝반짝 빛이 났다.

지금까지 내가 만난 100명이 넘는 인턴들 중 몇 년이 지난 지금까지도 기억에 남는 친구들은 나름의 '1등 영역'을 가진 사람들이다. 나는 그 몇 명의 토익 점수가 얼마인지, 출신학교가 어디인지, 강남처럼 좋은 동네에 사는지, 부모님 직업이 무엇인지는 전혀 기억하지 못한다. 그저 그들만의 '1등 영역'에 대한 분명한 이미지가 있을 뿐이다. 그리고 그들 대부분이 이제는 인턴이 아니라 같은 회사를 다니는 동료가 되었다.

당신이 인턴의 기회를 잡았다면 중간에 파혼하지 말고 반드시 결혼까지 가길 바란다. 차별화된 경쟁력이 아닌 본인만의 강점과 스토리로 '구별화'하라. 그래서 자신만의 '1등 영역'을 구축해야 한다. 이것이 그대가 일상생활 속에서 무심히 지나쳤을 스타벅스를 통해 내가 해주고 싶은 이야기다.

바꿀 수 있는 것을 바꿔라

내가 인사부서에서 근무한 이래 가장 기억에 남는 일을 꼽는다면 조금의 망설임도 없이 2011년에 진행한 인턴십 과정이라 말할 것이다. 110명의 인턴사원들과 함께한 3개월간의 인턴십 과정은 내 직장생활에서 가장 보람 있는 시간이었다. 그들의 젊음이 좋았고 열정이 좋았다. 그리고 그들의 절박함이 좋았다.

나름 신비주의를 고수하던 내가 난생 처음으로 얼굴을 유튜브에 공개한 것 또한 이 인턴십 과정을 통해서였다. 인턴십 과제 중 하나가 우리 회사의 핵심가치인 고객, 브랜드, 디자인을 홍보하는 영상을 만들어 유튜브에 올리는 것이었다. 나는 회사 컴퓨터가 아닌 유튜브 사이트를 통해서 인턴들의 과제를 평가했다. 당시 과제 검사를 유튜브로 한다는 것은 꽤 신선한 일이었다. 그때를 시작으로 우리 회사의 인턴 과제는 꾸준히 유튜브에 게시되고 있다.

2011년에 운영한 인턴십은 그동안 운영했던 인턴십 중에서도 가장 큰 규모였다. 100명이 넘는 인원만큼이나 다양한 학교, 지역, 또 다양한 색깔을 지닌 대학생들이 구성원이 되었다. 나는 그렇게 2011년의 4분의 1을 젊은 청춘 110명과 함께 보냈다. 그들과 함께 생활하고 평가하며 우리는 함께 여름이 가을로 바뀌는 계절의 변화를 맞이했다.

아직까지 기업 인턴이 복사나 하고 심부름을 하는 사람 정도로 여긴다면 의아할 것이다. 무슨 복사와 심부름이 그렇게 많기에 100명이 넘는 사람들이 3개월씩이나 인턴십을 하느냐고 말이다. 하지만 요즘 인턴들은 과거와 같이 허드렛일이나 하며 대충 직장체험을 하는 사람들이 아니다.

최근 들어 거의 모든 기업들이 정직원 채용을 위한 인재 검증의 단계로 인턴십을 운영하고 있다. 따라서 사전 검증을 위해 기업에서는 탄탄한 인턴십 프로그램을 준비하고 철저한 검증의 단계를 마련한다. 많은 돈과 시간, 그리고 자체 인력을 투입해 좋은 인재를 뽑고자 심혈을 기울이는 것이다. 물론 정직원 채용의 몇 배수로 진행되는 만큼 이들에게 회사의 좋은 이미지를 심어주는 것도 인턴십의 중요한 목적이다. 인턴들은 미래의 핵심 소비자층이자 장차 대한민국을 이끌어갈 인재들이기 때문이다.

나는 프로그램을 이끌고 평가하는 인턴십 운영자로서 110명의 청춘을 만났다. 그들과 함께 하는 시간이 많아질수록 자연스럽게 그들의 고민을 듣고, 또 한 명의 사회선배로서 아낌없는 조언을 하게 되었다.

그렇게 만난 110명의 모습은 정말 다양했다. 다른 회사는 쳐다보지도 않는 우리 회사 해바라기, 단순 스펙 사냥꾼, 인턴 월급만을 노린 아르바이트생, 별 생각 없이 지원했다가 회사의 매력에 푹 빠진 사람, 이 일이 좋지만 금융권으로 가라는 부모님 말에 충실한 효자 효녀.

인턴십 과정을 운영하면서 그동안 잊고 있던 기억 하나를 떠올릴 수 있었다. 그들처럼 치열하게 고민하고, 앞이 캄캄하던 나의 취업준비생 시절을 말이다. 그동안 정말이지 까맣게 잊고 있었다.

막막하던 그 시절 나는 종종 이런 생각을 했다. '아무 회사라도 그 회사 인사팀에서 일하는 사람 딱 한 명만 알면 얼마나 좋을까!'라고 말이다.

본격적으로 취업을 앞두고 인사담당자 선배와 편하게 얘기를 나누고 싶었다. 수많은 인터넷 사이트 속 '카더라 통신'이 아닌 진짜 회사 이야기를 듣고 싶었다. 정말 스펙은 필요한 건지, 진짜 학벌로 사람을 뽑는 건지, 도대체 자기소개서를 다 읽기는 하는 건지. 날 것 그대로의 진짜 취업 이야기가 듣고 싶었다. 하지만 알고 싶은 건 많은데 속 시원하게 이야기해주는 사람이 없었다.

인턴들을 보며 잊고 살던 당시의 기억이 떠올랐다. 인턴십 과정이 끝나면 어떻게 해서라도 취준생들에게 도움이 되고 싶었다. 이제 나는 대학시절 그토록 만나고 싶던 인사팀에서 일하는 사람이 되었기 때문이다.

인턴십 과정을 마무리한 직후 우선 급하게라도 평소 알고 지내던 동생들부터 불러 모았다. 그리고 그들의 취업 고민을 들어주고, 내가 아는 범위에서 상담을 해주는 시간을 가졌다. 다음은 그 과정 중에 있었던 일이다.

취업준비생인 그녀는 만날 때마다 세상의 불공평함을 원망했다. 그녀의 표현을 빌리자면 자신의 내세울 것 없는 집안, 평범한 외모, 후진 대학, 재수로 인해 남들보다 많은 나이 때문에 번번이 입사시험에 떨어진다는 것이다. 어렵게 한 회사의 인턴십에 참여할 수 있었지만 결국 최종 면접에서 불합격했다. 그 후 그녀의 자기비하와 원망은 더 심해졌다. 내가 회사에서 인턴십을 운영했다는 것을 아는 동생은 나에게 화를 내기도 하고, 자신의 처지를 하소연하며 눈물을 보이기도 했다. 그러던 중 이번에는 아예 서류전형에서 이런 내용의 이메일을 받았다고 했다.

'다음 기회에 좋은 인연으로 만나기를 희망합니다.'

최대한의 격식을 갖춘 불합격 통지서였다. 그녀는 이제 더 이상의 자신감도, 의욕도, 희망도, 꿈도 사라졌다며 괴로워했다. 세상은 너무 불공평하다며 자기보다 스펙은 떨어지나 좋은 집안 출신의 친구는 서류전형에 통과했다며 울분을 터뜨렸다. 그런 그녀에게 이렇게 물었다.

"네가 생각하는 불공평의 원인이 집안, 외모, 학벌, 나이지? 근데 이 중에서 네 의지로 그러니까 스스로 바꿀 수 있는 게 하나라도 있니? 집안, 외모, 학벌, 나이 중에서 말이야."

"아니, 없어요, 언니. 전혀요. 그래서 더 속상하고 억울해 죽겠어요."

그녀는 1초도 생각하지 않고 바꿀 수 없어 더 억울하다고 대답했다. 나는 당연히 그녀가 그렇게 말할 것이라 생각했다. 내가 그녀에게 해준 조언은 그렇다면 어차피 바꾸지도 못할 불공평한 환경에 신경 쓰느라 속 끓이지 말고, 내 의지로 바꿀 수 있는 평등한 것들에 집중하란 것이었다.

오롯이 내 의지로 바꿀 수 있는 평등한 것들이란 '시간, 노력, 그리고 생각'이다.

내가 그녀에게 제시한 이 세상에서 가장 공평한 것들이다. 이 세 가지는 그 사람이 재벌 2세의 자녀이건 가난한 집안의 자식이건 간에 누구에게나 평등하게 주어진다. 아니 오히려 집안, 외모, 학벌, 나이에 있어

안 좋은 환경에 처한 사람일수록 더 유리한 조건들이다. 그들은 이 공평한 조건 안에서 최선을 다 할 수 있을 만큼 절박한 사람들이기 때문이다.

만약 당신에게 주어진 환경이 나쁘다고 생각될수록, 그래서 이 불공평하고 더러운 세상이란 욕이 목까지 차오를 정도로 화가 날수록 해야 할 일이 있다. 바로 세상 누구에게나 평등하게 주어진 이 세 가지 조건에 최선을 다하는 것이다.

원래 주어진 배경으로 얻은 성공과 스스로 이룬 성공은 엄연히 급이 다르다. 즉 당신은 그 누구보다 훌륭하게 성공할 수 있는 조건을 갖췄다. 가뜩이나 주어진 조건도 나쁜데 그나마 모두에게 공평하게 주어진 이 세 가지마저 포기해버리면 정말 답이 없다.

많은 청춘들이 기회조차 없다며 고통스러워한다. 하지만 잘 생각해보면 기회는 매일 여기저기에 널려 있다. 그런데도 당신에게 기회가 오지 않았다면 당신은 기회를 알아볼 정도로 민감하지 않거나, 바람처럼 스쳐지나가는 재빠른 기회라는 녀석을 잡을 만큼 체력이 강하지 못한 것이다. 둔감하고 체력 약골인 당신은 기회가 없었던 것이 아니라 단지 준비가 되지 않았을 뿐이다.

당신은 당신의 무능을 학벌이나 집안이나 빽으로 돌려버린다. 왜냐하면 그게 쉽고 마음 편하기 때문이다. 그래, 빽은 그렇다고 치자. 간혹 낙하산 입사라는 것이 있으니 백 번 양보해서 그렇다고 치자.

그런데 집안과 돈은 잘 생각해보자. 부모님이 회사를 다니는 것도 아니고, 회사가 기부 채용을 하는 것도 아닌데 왜 그렇단 말인가! 회사는 아빠, 엄마가 아닌 '내'가, 그리고 돈 내면서가 아니라 '돈 받고' 다니는 곳이다.

빽은 내가 갖고 싶다고 가질 수 있는 것이 아니다. 노력한다고 해도 내 것이 될 수 없다. 어차피 가질 수도 없는데 부러워하고, 원망하고, 억울해하면 무슨 소용이 있단 말인가? 내 노력으로 어찌 해볼 수 있는 것. 그런 평등한 조건에서 최선을 다하라.

인턴기간 중 반드시 해야 할 일

다음은 '한 사람'에 대한 이야기다.

대한민국 방송계를 움직이는 4인에 선정. KBS 사장, MBC 사장, SBS 사장, 그리고 이 사람.

가왕 '조용필'을 제치고 광복 50년 최고 연예인으로 선정.

피곤해서 찍은 CF, 그 다음날부터 유행.

이 사람의 이름을 딴 빵이 하루에 60~70만 개씩 판매.

5년 동안 모든 방송사 연예 관련 시상식 싹쓸이.

코미디 사상 가장 많은 유행어를 보유한 사람.

코미디 30년사 최고의 코미디언에 선정.

그리고 손대는 모든 일에 실패한 사람. 사업 그리고 이혼.

골프 프로테스트 15번 연속 탈락.

5년간 단 하루도 쉬지 않고 내려닫기만 하는 롤러코스터를 탄 사람.

숨 가쁘게, 숨이 막히게 바닥으로 치닫는 시간을 버텨낸 사람.

그렇게 우리가 생각지도 못하게 높은 곳에 있다가, 눈이 시려오도록 아픈 인생의 바닥을 찍은 사람.

이 이야기의 주인공은 바로 개그맨 김국진이다.

잊고 있었지만 나 역시 '국진이 빵'을 먹은 세대다. 초등학생들이 빵은 버리고 그 안의 스티커만 모아 문제가 된 '피카츄 빵'과 '핑클 빵'의 원조가 국진이 빵이다. 1999년 당시 국진이 빵으로만 올린 매출이

월 40억 원이었다니 정말 어마어마한 인기가 아닐 수 없다. 그런 그의 인생이 바닥으로 치닫는 데는 채 몇 년도 걸리지 않았다. 잇단 사업 실패, 방송 정지 그리고 이혼까지. 하지만 그런 그는 내려가는 속도만큼 다시 올라올 수 있다는 자신감이 있었다고 한다. 그 자신감과 믿음으로 5년이라는 긴 시간을 담담히 견뎌냈다. 그리고 2010년 KBS 프로그램 〈남자의 자격〉에서 '내 인생의 롤러코스터'라는 강의로 다시 인생의 오르막을 향해 달려가는 제2의 전성기를 맞게 되었다.

많은 청춘들이 취업 앞에 다시 튀어 오르지 못하고, 끝없이 추락만 하는 롤러코스터를 탄 것처럼 좌절하고, 실망하고, 결국 스스로 자포자기하고 만다. 특히 인턴십을 마치고 최종합격 단계에서 탈락한 사람들은 더욱 그렇다. 원래 손만 뻗으면 잡힐 것 같은 가까운 위치에서 놓친 기회가 더 아픈 법이기 때문이다. 서류전형에서 탈락했을 때보다 면접에서 탈락했을 때가 더 아프고, 면접에서 탈락했을 때보다 인턴을 거친 후 최종 면접에서 탈락했을 때가 더 아프다. 그래서 인턴십을 마친 후 최종 면접에서 불합격을 하면 요즘말로 멘붕이 제대로 오게 된다.

인턴에서 정직원이 되기까지는 크게 인턴기간 중 평가와 임원진 최종 면접으로 결정된다. 회사마다 물론 차이는 있다. 단순한 생각으로 인턴십 과정 자체보다는 임원진 최종 면접이 훨씬 중요하다 생각할 수도 있다. 그러나 사실은 정반대다. 인턴십을 막 마치고 최종 면접을 보는 지원자들에게 과연 임원진들이 어떤 질문을 하겠는가? 당연히 질문의 대부분은 인턴십 프로그램을 기반으로 하게 되어 있다. 또 당신의 인턴십 평가표가 처음 제출한 자기소개서와 함께 면접관들에게 제공된다. 즉 최종 합격을 위해서는 인턴십 기간 중 주어진 과제 및 활동 모두가 중요하다는 결론에 다다른다.

이 인턴십 기간을 어떻게 보내느냐에 따라 취업의 기회를 잡느냐, 놓치느냐가 갈리게 되는 것이다. 나는 이 글을 읽는 지원자 모두가 인턴십의 과정을 거쳐 그 회사에 정식사원이 되었으면 한다. 그 절실한 마음으로 '인턴기간 중 반드시 해야 할 일'을 여섯 가지로 정리해보았다.

1. 인턴기간 중 반드시 얻어갈 것을 정한다

같은 시간을 보내지만 인턴십 기간 동안 얻어가고자 하는 것이 확실한 사람과 아닌 사람은 그 결과가 다를 수밖에 없다. 인턴십 기간 중 주어지는 과제 외 꼭 얻어갈 것을 한 가지 이상 정하자. 가고 싶은 부서 선배와의 네트워크 구축, 닮고 싶은 인턴 동기의 장점 벤치마킹, 인사담당자에게 확실한 이미지 각인, 정말 하고 싶은 직무 탐색 등 그 종류는 매우 다양하다. 내가 꼭 얻고 싶은 그 한 가지를 마음에 품고 쟁취해오자. 누구보다 값진 인턴십 기간을 보내게 될 것이다.

2. 학생 플랫폼에서 직장인 플랫폼을 구축한다

대학교에서는 수업에 지각해도 시험만 잘 보면 그만이다. 컨디션이 안 좋은 날 하루 정도 결석해도 큰 영향은 없다. 하지만 사회에서의 지각과 결석은 엄연히 다른 이야기다. 이는 인턴십 기간 중 주어지는 팀과제도 마찬가지다. 인턴십 기간 동안 몸에 익어버린 학생 플랫폼을 직장인 플랫폼으로 바꿔야 하는 이유다.

3. 나만의 1등 영역을 만든다

모든 면에서 1등인 사람은 있을 수 없다. 하지만 어떤 영역에서도 1등이 아닌 그만그만한 사람이라면 인턴십이 끝난 후 최종 면접에서 떨어져도 할 말이 없다. 그저 평범하고 특색 없는 한 명의 인턴일 뿐이기 때문이다. 성실성, 열정, 발표 능력, 밝은 에너지, 충성도 그 무엇이 되었건 확실한 자신만의 1등 영역 구축이 필요하다.

4. 리더십을 미리 연습해본다

인턴십 프로그램 중에는 특히나 4~6명의 팀을 기반으로 한 프로젝트가 많이 주어진다. 팀별로 진행되기 때문에 누군가는 리더를 해야 하고, 그 리더는 각양각색인 팀원들의 의견을 조율하고 더 좋은 성과를 낼 수 있도록 이끌어야 한다. 즉 진짜 리더가 되는 것이다. 회사에 들어와서 몇 년은 이런 경험을 해볼 기회가 거의 없다. 그야말로 신입 사원은 회사의 가장 막내다. 하지만 직급이 올라갈수록 리더십은 직장인의 필수 덕목이 된다. 기회가 있을 때마다 주저하지 말고 먼저 손을 들어 리더십을 연습해보자.

5. 체력의 한계를 시험해본다

인턴십 기간 중에 인턴들은 주어진 과제를 하느라 교육시간뿐 아니라 퇴근 후, 주말, 공휴일에도 만남의 시간을 가졌다. 최종 발표를 앞두고는 자발적으로 집에도 안 들어가고 찜질방에서 숙박하며 과제에 몰두했다. 이런 극도의 몰입 때문에 사귀던 연인에게 버림받는 인턴들도 속출했다. 이 지면을 빌려 당시 어려운 과제를 시켜 참 미안했다고 말하고 싶다. 사실 서른이 넘은 지금은 누가 큰돈을 준다고 해도 체력이 안돼서 못 할 일이다. 그 나이여서 가능한 몰입이다. 체력이 허락할 때 미친 듯이 몰입할 수 있는 좋은 시기가 바로 인턴십 기간이다. 자신의 한계를 시험해보자.

6. 거침없이 도전하자

지하철에서 회사 홍보 영상을 찍고, 번화가에서 플래시몹을 촬영하고, 임직원들에게 따뜻한 프리 허그Free Hug를 시도한 사람들은 다름 아닌 인턴사원들이었다. 사실 회사에서 몇 개월이라도 근무한 우리들은 선뜻 못 하는 일들이다. 인턴이기 때문에 가릴 것이 없고, 그들이기에 열정이 넘친다. 잃을 것이 많지 않기에, 또 젊기에 가능한 일이다. 인턴 때야말로 그 거침없는 도전이 가장 빛나고, 또 가장 어울리는 시기라는 것을 잊지 말자.

마지막으로 '제각각의 선로에서 제각각의 롤러코스터를 두려움 없이 올라타라'는 김국진의 말을 곰곰이 생각해보자.

롤러코스터의 특징은 안전바가 있다는 것입니다. 여러분에게는 알게 모르게 이미 안전바가 메어져 있습니다. 그러니 주저하지 마시고, 롤러코스터를 즐기시기 바랍니다. 넘어지는 것도 두려워하지 마시고, 자신 있게 마음대로 가시기 바랍니다.

멋진 롤러코스터가 되기를 진심으로 기대합니다.

– 김국진

이런 인턴, 진짜 싫다

내가 가장 싫어하는 인턴 유형은 이렇다.

물론 인턴십 담당자인 내게 대놓고 이렇게 말할 수 있는 '간 큰' 인턴은 없다. 하지만 몇 주 같이 지내다 보면 자연스럽게 이런 속마음을 알게 된다. 면접 보는 어르신들이 면접자 눈빛만 봐도 우리 회사에 맞는 사람인지 아닌지 아는 것처럼 말이다. 그래서 그 짧은 시간에 합격의 당락을 결정하는 것처럼 나 역시 그렇다. 그냥 그렇게 본능적으로 알게 되어 있다.

대학교 4학년 코찔찔이 시절, 입사 면접에서 면접관들 중 질문은 안 하고 지원자들 얼굴만 뚫어져라 보는 사람이 있었다.

'혹시 면접 때문에 고용한 점쟁이?!'

내 생각에 그의 역할은 신분을 위장한 채 지원자들의 관상을 보며, 그 기업에 적합한 사람인지 아닌지 따져보는 것이다. 물론 미래에 회사에 기여할 만한 훌륭한 사람이 될지, 아니면 비리, 횡령 등으로 회사의 성장에 악영향을 미칠지도 내다본다.

당시에는 정말이지 이렇게 터무니없는 생각을 했었다. 하지만 이제는 안다. 기업에서 몇십 년씩 일한 어르신들은 그런 무속인을 고용하지 않아도 될 만큼 이미 '반점쟁이'가 되어 있다는 사실을 말이다. 그리고 채용과 인사를 주로 하는 인사담당자들 역시 본능적인 느낌, 즉 '촉'이 있다는 것도 알게 되었다.

요즘 기업의 인턴십에서는 팀과제 프로젝트가 많이 주어진다. 기업 홍보 영상을 만들거나 회사에서 실제로 고민하는 문제와 관련해 해결책을 찾는 것이다. 이런 과정을 통해서 물론 어르신들에 비해서는 한참 모자라지만 회사를 대하는 인턴들의 속마음이 대충 보이기 시작했다. 그렇기 때문에 혹시라도 엉큼한 속내를 품고 인턴십을 시작했다면 인사담당자들에게 그 마음이 들키지 않도록 조심해야 한다. 조금이라도 그 회사에 미련이 있다면 말이다.

사실 다른 직종에 마음이 있더라도 기업 인턴십은 기회가 주어진다면 적극 참여해야 한다. 그리고 역시나 다른 직종이나 유학에 뜻이 있다는 속내는 들키지 않는 것이 좋다. 설령 다른 일을 하기 위해 스펙한 줄 더 쌓으려는 인턴이라 해도, 유학 경비에 보태기 수단이라 해도, 이왕 인턴을 하기로 마음먹었다면 그 기간만큼은 일에만 온통 빠져보란 말이다.

고등학생 때 꼭 국어시간에 영어 공부하고, 영어시간에 수학 공부하는 친구가 있었다. 이런 친구들의 특징은 열심히는 하지만 공부는 못한다는 것이다. 나는 한자과목이 너무 싫은 나머지 그 시간에 몰래 영어를 공부했다. 이러면 한자 시험은 엉망으로 망치는데 그렇다고 그만큼 영어 점수가 획기적으로 올라가는 것도 아니다. 결과적으로 아무런 득 없이 시간만 보낸 것이다. 인턴십 과정 또한 마찬가지다.

당신이 생각하는 것 이상으로 기업 프로젝트의 힘은 세다. 학교 때 하던 과제들과는 차원이 다르다. 돈이 오고가며 살아 숨 쉬는 비즈니스 현장의 '진짜 일'이다. 그동안 해오던 학교 과제들이 이미 과거에 일어났거나 막연히 미래에 시행될 수도 있는 죽어 있는 프로젝트라면 기업에서는 펄떡펄떡 살아 움직이는 프로젝트를 할 수 있다. 모든 인턴십 프로그램이 그렇게 기획되지는 않지만 더 많은 기회가 주어지는 것이 사실이다.

학생시절 돈을 내면서도 배울 수 없던 것들을 인턴 기간에 오히려 월급을 받으며 배울 수 있다. 정작 사회에 나와 보면 아무짝에도 쓸모 없는 학점에는 그렇게 목을 매면서 왜 진짜 비즈니스를 배우는 인턴십 과제에는 소홀하단 말인가?

인턴십 과정을 운영하면서 내가 본 최악의 인턴사원 TOP 5는 다음과 같다.

1위 팀 과제에 숟가락만 없는 프리라이더

2위 발로 뛰지 않고 입만 동동 친구

3위 인사담당자 및 선배들에게만 집중하는 아부쟁이

4위 열심히 안 하는 배짱이

5위 일은 뒷전이고 놀러오거나, 연애하러 온 사람

어떤 의도로 인턴십을 시작했는지에 상관없이 다시 이 기간을 산다고 해도 그렇게는 못할 정도로 열심히 해보자. 분명 배우는 것이 있을 것이다. 인턴십이 끝나고 다른 회사에 입사하더라도, 외국에 유학을 가더라도 이때의 경험은 당신만의 특별한 스토리를 갖게 해줄 것이다.

주변에 보면 최강 스펙을 자랑하는 친구들이 한두 명쯤은 있을 것이다. 내가 아는 후배 K도 그렇다. 이름만 들어도 알만한 여러 대기업에서 인턴 경험을 했다. 당신이 부러워할 만큼 대기업 인턴 경력이 화려하다. 하지만 취업준비생들 눈에 부러운 이 스펙도 인사담당자들에게는 수많은 스펙 중 하나일 뿐이다.

자신의 열정을 불태운 한 번의 인턴십 경험이 그저 그렇게 한 쪽 발만 담근 인턴십 경력 열 개를 한 방에 누를 수 있다. 나만의 스토리가 없는 '허약 체질 스펙'은 원래 그렇게 파워가 없다. 그러니 어렵게 인턴십의 기회를 잡았다면 제발 부탁하건데 평범한 인턴 스펙만 갖고 돌아가지 말고 내 스토리를 만들어줄 진짜 재료를 가득 챙겨가자.

영화 스파이더맨에는 이런 대사가 나온다.
"With great power comes responsibility."
'강력한 힘에는 그만큼의 커다란 책임감이 따른다'는 의미다. 많은 청춘들이 great power는 원하면서 그에 상응하는 책임과 노력은 지지 않으려 한다. 하지만 세상은 노력 앞에 정직하다. 다른 지원자들과 뚜렷이 구별되어 최종 면접 때 경영진을 매혹하고 싶다면 강력한 아우라를 뿜어낼 수 있도록 큰 책임을 져야 한다.

내가 아끼는 세 명의 여성 멘토들의 말로 현재의 커다란 책임감으로 미래에 강력한 힘을 갖게 될 당신을 응원하겠다.

꿈을 이루려면 중간 지점이나 평범함과 타협해선 안 된다. 자신이 갈 수 있다고 생각하는 것보다 훨씬 더 먼 곳까지 계속 밀고 나간다면, 가슴에 품은 꿈을 이룰 수 있다.
- 에스티 로더

두려움을 가지고 있지 않은 사람은 없다. 하지만 진짜 두려움은 우리가 그 두려움에 너무 큰 비중을 두었을 때 생겨난다.
- 오프라 윈프리

오랫동안 고수할 수만 있다면 무엇이든 할 수 있다.
- 헬렌 켈러

진로 고민하느라 바쁜 인턴들

신입 인턴사원들이 회사에 들어오면 회사 선배들은 잊지 않고 꼭 이 말을 해준다.

"인턴하는 동안 회사만 너희들을 판단하는 게 아니라 너희도 이 회사를 판단해보고, 어떤 일이 적성에 맞는지 진지하게 고민해봐."

이 말은 오래전 내가 인턴사원이 되었을 때도 들은 말이다. 꽤 세월이 흐른 지금도 선배들이 인턴들에게 하는 단골 멘트다. 이 조언을 계속 하는 이유는 남녀사이의 좋고 나쁨을 따져보는 궁합처럼 회사와 나 사이에도 궁합이란 것이 존재하기 때문이다.

앞으로 당신이 대부분의 시간을 보내게 될 곳은 집이나 학교가 아닌 '회사'가 될 것이다. 이런 중요한 곳인 회사와 나의 관계가 천생연분이라면 얼마나 좋겠는가! 하지만 많은 사람들이 회사와 천생연분은커녕 개와 원숭이처럼 서로 으르렁거리는 견원지간이 된다. 그렇기 때문에 아직 혼인신고서에 도장을 찍기 전 약혼 단계라 할 수 있는 인턴십 기간에 회사와 나의 궁합을 따져봐야 한다.

우리가 연애상담을 할 때 흔히 하는 말이 있다.

"내가 좋아하는 사람보다 나를 좋아하는 사람을 만나야 행복하다."

그럼 비슷한 관점에서 일에 대해 이렇게 물을 수도 있다.

"내가 좋아하는 일보다 내가 잘할 수 있는 일을 하면 더 행복할까?”

　그런데 이 질문에 대해 고민하기 전에 발생하는 문제가 있다. 과연 내가 좋아하는 일은 무엇이고, 내가 잘할 수 있는 일은 뭐란 말인가? 안타깝게도 우리는 이런 종류의 고민을 하도록 길들여지지 않았다. 생각이란 걸 시작하기도 전에 이미 우리가 좋아해야만 하는 일이 정해져 있었다. ‘공부!’

　내가 잘할 수 있는 일 또한 ‘공부’여야 한다고 강요받아왔다. 대학에 들어오기 전까지는 그게 나쁜 것인지도 모르고 그냥 그렇게 살았다. 대학생이 되어서도 상황은 많이 다르지 않았다. ‘생각의 기초체력’이 없기 때문에 여전히 내가 좋아하는 일도, 내가 잘할 수 있는 일도 모르는 것이 당연했다.

　그래서 인턴들은 취업을 앞둔 지금 혼란스럽다. 항상 세상의 기준으로 평가만 받아왔기 때문에 이 일이 내가 좋아하는 일인지, 그게 아니라면 잘할 수 있는 일인지조차 판단이 서지 않는다. 그래서 두렵다. 그런 그들에게 연애를 떠올려보라고 말하고 싶다.

　내가 좋아한다고 생각하는 그 사람. 어느 날 밤 문득 생각해보면 정말 좋아하는 건지 잘 모르겠다. 나를 좋아한다고 하는 그 사람의 마음도 마찬가지다. 말은 그런데 정말 날 좋아하는 것이 맞을까 하는 의구심이 스멀스멀 올라온다. 이러다가는 연애 한 번 못 해보고 좋은 세월 다 보내기 딱 좋은 상황이다.

　결론은 그냥 만나보는 거다. 확신이 안 서도 한 번 사귀어보는 것이다. 안 해서 후회하는 것보다 만나며 확신을 얻는 것이 훨씬 낫다.

일로 돌아와 말하면 나 또한 그랬다. 사실 내가 유통업 분야에서 일하게 될 줄은 몰랐다. 점포 현장 매니저로 근무하던 시절, 선배들은 야리야리한 몸에 하얀 피부의 나를 보며 3개월 안에 그만둔다고 자기들끼리 내기를 했었단다. 하지만 난 3개월이 아니라 7년째 이 회사에서 아주 잘 먹고 잘 살고 있다.

처음 부서를 옮겼을 때도 그랬다. 너무 하고 싶었던 일이었지만 도통 모르는 일투성이였다. 멋들어진 교육 기획을 하고 싶었지만 현실은 능력이 안 되었기 때문에 행정 업무가 많은 교육 운영만 했다. 그러다 보니 나보다 조금 더 일찍 이 부서에 발령받은 동기와 나를 비교하기 시작했다. 중국 교육을 직접 운영 기획하는 그가 그렇게 멋있어 보일 수가 없었다. 중국어를 배워볼까도 생각했지만 설령 시작한다 해도 자신이 없었다.

하지만 우리가 사는 인생은 '나'라는 밑천으로 사업을 하는 것이다. 그래서 계속 열심히 했다. 내가 밑천이기 때문에 나 하나 믿고 꾸준히 근성 하나로 열심히 버텼다. 그렇게 살다 보니 나중에는 교육 운영뿐 아니라 그토록 하고 싶던 교육 기획까지 할 수 있는 사람이 되었다. 종종 일을 잘한다는 칭찬도 받는다. 그렇게 내가 좋아하는 일과 내가 잘할 수 있는 일 또한 찾게 되었다. 만약 두 일이 어느 순간 한 점에서 만난다면 큰 행운이다. 나는 그 행운의 기쁨을 만끽하고 있다.

많은 인턴들이 그리고 취업준비생들이 '나는 내가 좋아하는 일을 하고 있나, 이 일이 정말 좋아하는 일인가'라는 질문을 던지며 스스로를 위기로 몰아넣는다. 이 질문에는 원래 '아니요'라는 대답이 나오게 되어 있다. 아무리 좋아하는 일이라도 365일 매일 좋을 수는 없다. 그래서 부정적인 대답이 나오고 그러면 방황이 시작된다. 좋아하는 일이 무엇인지도 모르면서 지금 하는 일에 대한 회의감부터 갖는 것이다.

그래서 우리는 질문을 바꿔야 한다. '지금 하고 있는 이 일을 좋아하나?'로 말이다. 아직 정직원도 아닌 고작 인턴인 당신이 얼마나 자신이 좋아하는 일을 알겠는가! 판단할 수 있을 만한 경험이 부족하기 때문에 그 자체가 불가능한 일이다.

물론 적성에 대한 고민은 아주 건설적이고 꼭 필요한 질문이다. 하지만 그렇게 금방 되는 것이 아니다. 그러니 일단 주어진 일에 최대한 몰입해보자. 매일 '나는 지금 내가 정말 좋아하는 일을 하고 있다' 최면을 걸자. 설령 그렇지 않더라도 노력을 밑천으로 열심히 하다 보면 길이 보이게 된다.

당신이 어떤 기업의 인턴으로 일하고 있다면 자신이 잘하는 것, 장점, 능력 등을 발휘해서 최대한 조직의 성과에 기여하자. 인턴인 당신에게 탁월한 결과와 대단한 역량을 기대하는 것이 아니다. 다만 그 일을 바라보는 태도와 노력이 중요하다. 그 태도와 노력은 지금 하는 그 일을 좋아한다는 생각에서부터 비롯된다. 하겠다는 마음으로 주어진 자리에서 열심히 일하다 보면 당신은 정말 그 일을 좋아할 수도, 또 당신이 몰랐던 진짜 좋아하는 일을 찾을 수도 있다.

내가 좋아하는 일이 무엇인지 모르겠다면 그리고 내가 어떤 일을 잘할 수 있는 사람인지 모르겠다면 다음의 다섯 가지 일을 해보자.

첫째, 그곳에서 아무도 시도하지 않은 것을 해보라.

둘째, 모든 사람들이 하기 곤란해하는 것을 자진해서 해보라.

셋째, 현재에 집중하고 앞으로 더 나아지려고 노력해보라.

넷째, 지금 그곳에서 필요한 것을 해보라.

다섯째, 모두가 바라는 이상향과 지금 처한 현실 간의 차이를 메울 수 있는 것을 해보라.

좋아하는 일을 못 찾았기 때문에 할 수 없다는 생각은 큰 착각이다. 쉬운 선택을 하고자 그럴듯한 자기변명을 하는 것이다. 쉬운 선택에는 딱 그만큼의 결과밖에 기대할 수 없다. 현재 내 모습이 과거 내가 한 선택들의 결과인 것처럼 우리가 사는 인생은 선택의 연속이다. 당신이 지금 하는 선택이 미래의 모습을 만든다. 쉬운 선택이 아니라 어려운 선택을 해서 당신이 꿈꾸던 미래를 맞이하길 바란다.

인턴에서 멈추는 사람
인턴에서 성장하는 사람

사람들은 누구나 더 나은 방향으로 변화하고 싶어한다. 하지만 잘 알지 못하는 것에 대한 두려움도 갖고 있다. 그래서 많은 사람들이 변화의 필요성을 무시해버리거나 변화를 거부하고 현실에 안주하는 삶을 선택한다. 그렇기 때문에 동시대를 살고 있더라도 도태되고 꿈에서 멀어지는 사람이 있는가 하면, 계속 성장하며 꿈 넘어 꿈까지 이루는 사람이 있다. 한마디로 '변화'는 지금 자리에서 멈출 것인지 아니면 더 나아가 성장할 것인지를 결정짓는 핵심 요인이다.

변화를 위한 세 가지 조건

1. 새로운 장소에 가는 것

2. 새로운 사람을 만나는 것

3. 새로운 책을 읽는 것

취업준비생인 당신에게 기업 인턴십은 이 변화를 위한 세 가지 조건을 충족시킨다. 당신은 학교와 집의 일상에서 벗어나 인턴십 기간에 회사라는 '새로운 장소'로 출근을 하게 된다. 그리고 거기에서 만나게 되는 사람들 역시 전에 만나본 적이 없는 '새로운 사람'이다. 즉 인턴십 과정에 참여하는 것 자체로 새로운 장소와 사람이라는 두 가지 조건이 자연스럽게 충족된다. 하지만 세 번째는 의도적으로 노력해야만 하는 조건이다. '새로운 책'을 읽는다는 것은 쉬워 보여도 꽤나 어려운 일이다. 그래서 우리 회사에서는 인턴십 교육 중에 독서토론 강의 시간이 있다. 세 가지 조건을 모두 만들어주고 싶었기 때문이다.

이 강의를 제일 처음 기획한 덕분에 나는 지금도 매번 인턴십 강의에 들어간다. 독서토론 관련 강의를 할 때면 나 자신을 사내 독서클럽 '인사이트Insight'의 리더로 소개한다. 그게 무엇이 되었건 감투를 쓴다는 것은 참 좋은 일이다. '자리가 사람을 만든다'는 말처럼 그 자리에 어울리는 사람이 되고자 배우고 공부하고 노력하게 되기 때문이다. 나 또한 독서클럽의 리더가 되면서 책과 독서법 관련 공부를 많이 했기 때문에 강의 때 해줄 말이 꽤 많아졌다.

이렇게 여러 기회로 인턴들을 만나다 보니 그들이 공통적으로 하는 질문이 있다.

"기업에서 평가할 때 어떤 인턴이 좋은 인턴인가요?"

"어떤 직장인이 되어야 하나요?"

내 독서토론 강의가 너무 완벽해서인지, 아니면 앞으로 겪을 직장 생활에 대한 두려움 때문인지, 강의를 마치고 받는 질문들은 주로 이러했다. 물론 대답은 해줬지만 스스로 생각하기에도 속 시원한 대답은 아니었다. 그래서 강의가 있던 어느 저녁, 집에 돌아와 혼자 정리를 해보았다. 생각 끝에 결국 그들의 질문은 '인정받는 사람'이 되고 싶다는 욕망에서 시작됐다는 결론에 다다랐다. 그리고 인턴들의 질문에 대한 내 고민의 결과는 '성장'이라는 한 단어로 모아졌다. 그들이 인정

받는 사회인이 되기 위해서는 꾸준히 성장하는 사람이 되어야 한다.

다음은 인턴들의 질문의 답인 동시에 나 역시 계속 성장하는 사람이 되기 위해 지켜야 할 목록들이다.

1. 어떤 분야의 '일류'와 만나볼 것

어떤 분야의 일류를 만난다는 것은 나 또한 그렇게 될 수 있다는 자신감을 갖게 한다. 분명한 대상이 있기에 그 사람과 같은 표정을 지어볼 수도, 말투를 흉내 낼 수도, 그렇게 행동해볼 수도 있다. 그러다 보면 어느덧 나도 그의 모습을 많이 닮아 있을 것이다.

2. 아직 보지 못한 세계에 대해 적극적일 것

누구나 해보지 않은 것은 두렵다. 게다가 아무도 해보지 않아 아예 그림 자체가 그려지지 않은 것은 더 막막하다. 당연히 선뜻 시도하고자 하는 용기가 생기지 않는다. 하지만 뒤집어 생각해보자. 그렇기 때문에 아무도 하지 않은 그것을 내가 한다면 더 많은 기회를 누릴 수 있게 된다. 그 기회들은 나를 더욱 성장하게 만든다.

3. 야망을 가질 것

야망의 사전적 의미는 크게 무엇을 이루겠다는 희망이다. 즉 결핍된 것을 채우려는 욕망의 표현이다. 욕망은 분에 넘치는 것을 현실로 만드는 데 가장 강력한 동기부여가 된다. 크게 이루고자 하는 것이 정해지면 그것에 도달할 수 있는 힘이 주어지기 마련이다.

4. 그렇게 된다고 믿을 것

스스로가 잘 안될 거로 의심하면서 시작하는 일은 당연히 잘될 리가 없다. 안될 거라고 생각하면 자신감이 떨어지고 두려움이 생겨난다. 그래서 나도 모르는 사이에 최선을 다하지 않게 된다. '할 수 있을 것 같다', '그렇게 될 것 같다'는 이미지를 그리는 것에서부터 그 일을 이룰 수 있는 능력이 생긴다. 어려운 일일수록 두려운 일일수록 '된다'는 믿음에서 시작하자.

5. 잘 안될 때 더 잘할 것

계속 잘되기만 하면 인생이 참 재미있을 것이다. 일이 잘되면 그것 자체로 계속 할 수 있는 큰 동기부여가 된다. 하지만 우리 삶이 계속 잘될 수만은 없다. 그래서 잘 안될 때 어김없이 슬럼프가 찾아온다. 슬럼프를 이기는 방법은 더 열심히 해보는 것이다. 잘 안될 때 더 잘해보자. 우리가 하지 못한 수많은 일은 어쩌면 하루만, 며칠만 더 했으면 이루어졌을 일일지도 모른다.

6. 기회를 스스로 만들 것

기회가 없다고 불평하는 사람들은 사실 기회가 없던 것이 아니다. 아직 기회를 잡을 만큼 준비가 되어 있지 않을 뿐이다. 하지만 기회를 잡고 싶으면서도 많은 사람들이 행동하지 않는다. 그래서 생각을 행동으로 옮기지 않는, 즉 준비가 안 된 사람은 영원히 기회를 잡지 못하게 된다. 이 세상에 널려 있는 기회를 준비가 되지 않아 잡지 못하는 것이다. 즉 없는 게 아니라 잡지 못해서 없는 것처럼 느껴지는 것이 '기회'다.

영화 〈인디애나 존스〉에서 주인공은 성배를 찾기 위한 모험 중에 보이지 않는 다리를 건너야 하는 시련과 맞닥뜨린다. 분명히 주변은 온통 칠흑같이 깊은 절벽인데 그 허공에 다리가 있다며 건너가라고 한다. 그 다리를 건너야만 목적지에 갈 수 있다. 아무리 그렇더라도 당신이라면 이 다리를 자신 있게 건널 수 있겠는가? 발을 내딛기에는 두렵고 무서울 것이다. 분명 존재한다고는 하지만 내 눈에 보이는 것은 눈앞의 절벽뿐이기 때문이다.

마찬가지로 당신 눈앞에 50센티미터 정도 폭의 나무판자가 있다고 생각해보자. 그게 그냥 바닥에 놓여 있을 때 당신은 무난히 그것을 밟고 지나갈 수 있다. 하지만 그 나무판지가 절벽에 놓여 있다면 어떻겠는가? 분명히 건널 수 있는 폭의 판자이지만 건널 용기가 사라진다. 떨어져 죽을까 봐 겁이 나서다.

결국 보이지 않는 다리를 건너는 것도, 바닥이 아닌 절벽에 놓인 작은 폭의 판자를 건너는 것도 '믿음'에 달려 있다. 보이지 않아도 다리가 있다고 믿으면 건널 수 있다. 절벽에 있는 나무판자를 그냥 바닥에 놓인 것이라고 생각하면 쉽게 건널 수 있는 것처럼 말이다.

도저히 내 능력으로 할 수 없을 것 같을 때도 자신을 믿고 나아가

보자. 실제로는 존재하는 다리가 단지 내 눈에만 보이지 않아 두려운 것일 수 있다. 사실 충분히 밟고 지나갈 수 있는 판자인데 절벽에 놓여 있어 못 한다고 지레 겁을 먹은 것일 수 있다. '할 수 있다'라는 믿음으로 한 발자국 발을 내딛어본다면 분명히 앞으로 더 큰 성장을 이룰 수 있을 것이다.

인턴십 과정이 끝나고 회사에 들어가면 정말 자신의 인생을 책임지는 사회인이 된다. 부디 멈추지 않고 계속 성장하는 당신이 되길 응원한다. 성공이 당신에게 오지 않는다면 당신이 성공을 향해 달려가자. 당신의 성장과 멈춤의 한계를 정할 수 있는 것은 오직 당신뿐이다. 당신은 스스로 정한 딱 그만큼만 나아갈 수 있음을 기억하자.

당신이 멈추지 않고, 성장하는 사람이 되기를 진심으로 응원한다.

4장

당신이 바라는 회사는 생각과 다르다

신입사원의 3가지 착각

꿈꾸는 사람들과 어울려라

세상이 붙여준 이름을 거부하라

벌써 이직을 말하는 그대에게

멋지게 프레젠테이션하는 신입사원을 꿈꿨는가?

첫 월급을 타면 가장 하고 싶은 일

신입사원 때 알았더라면 좋았을 것들

신입사원의 3가지 착각

"뭘 해야 할지 잘 모르겠어요. 선배들이 딱 붙어서 가르쳐주는 것도 아니고. 물어보자니 사실 뭘 물어봐야 할지도 모르겠고…. 일하느라 바쁜 선배들 시간 뺏는 것 같아 눈치도 보이고…. 다들 바빠 보이는데 나만 우리 회사에서 할 일이 없는 사람 같아요."

한 신입사원의 고백이다. 취업준비생들은 취직만 하면 장밋빛 미래가 펼쳐질 것이라 생각한다. 그러나 실상은 아름다운 장밋빛이라기보다 그보다 좀 더 검붉은 핏빛에 가깝다.

취업설명회 때 보았던 수려한 외모에 얼굴에는 미소가 가득하고, 내가 묻지도 않은 부분까지 친절하게 설명해주던 선배들은 다 어디로 간 것일까? 참고로 인력개발팀에서는 그런 사람 위주로만 선발해서 취업설명회에 데리고 간다. 회사의 이미지를 위해 수려한 외모, 따뜻한 미소, 친절함이 물씬 나는 사람들만 데려가는 것이 당연하다. 물론 취업설명회에서 만났던 천사 같은 선배들도 그 모습이 다가 아니다. 그(그녀) 역시 회사에서는 신입사원들이 다가가지도 못할 정도로 냉정한 얼굴로 근무할 수도 있다.

신입사원의 착각 세 가지

첫째, 내가 묻기도 전에 선배들이 다 가르쳐줄 것이다.

둘째, 나는 이 회사에 꼭 필요한 사람이다.

셋째, 모두가 나에게 잘해줄 것이다.

인턴 및 신입사원들을 교육하며 누구보다 그들을 가까이서 지켜본 나는 위와 같은 이야기를 들으면 한마디 해주고 싶다. "셋 다 틀렸거든!"

그들만의 착각 세 가지를 하나하나 살펴보자.

1. 내가 묻기도 전에 선배들이 다 가르쳐줄 것이다

왜 가르쳐주지 않느냐고 불평하는 신입사원들에게 선배들은 이렇게 대답한다.

"내가 왜 묻지도 않은 ○○ 씨한테 뭘 가르쳐줘야 하죠?"

이 말을 들으면 말문이 턱 막힌다. 100퍼센트 맞는 말이기 때문이다. 회사는 나중에 들어와보면 알겠지만 정말 바쁜 곳이다. 오죽하면 정해진 퇴근 시간이 있는데도 야근과 주말 근무를 하겠는가? 그렇게 바쁜 곳에서 물어보지도 않는 신입사원에게 자진해서 필요한 것을 알려주는 것 자체가 불가능하다.

게다가 회사는 당신이 생각하는 것처럼 체계적인 곳이 아니다. 학생 때처럼 내가 배워야 할 일이 단계별로 짜여 있지 않다. 수업 시간표처럼 몇 시에 무엇을 해야 하는지 또한 당연히 정해진 것이 없다. 선배 입장에서도 딱히 무엇부터 가르쳐줘야 할지 모를 수밖에 없는 상황이다. 이런 바쁘고 비체계적인 상황에서 당신이 할 수 있는 최선의 일은 맨 처음 내 멘토로 지정된 선배에게 무조건 많이 물어보는 것이다. 회사에서 신입사원의 멘토를 지정할 때는 업무적으로나 인성적으로 합격점을 받은 사람들 위주로 배정한다.

물론 선배를 귀찮게 하는 것이 미안하겠지만 선배에게 의리 지키느라 안 물어보면 훗날 '이런 것도 몰라요?' 하며 된통 혼나는 날이 올 것이다. 그러니 시간 날 때마다, 모를 때마다(신입사원은 대체로 아무것도 모르므로 그러니까 하루 종일) 묻고 또 물어봐야 한다. 신입사원의 특권이 바로 몰라도 누가 뭐라고 하지 않는다는 것이다. 그때는 잘 모르겠지만 회사에서 모르는 것을 당당히 모른다고 할 수 있는 것은 굉장한 특권이다. 그래서 모른다고 말할 수 있는 이 때 최대한 많이 물어봐서 재빨리 알아야 한다.

2. 나는 이 회사에 꼭 필요한 사람이다

이렇게 생각하는 신입사원들을 위해 〈한국경제〉 신문에 실린 여러 인사담당자들의 목소리를 옮겨보았다.

"신입직원을 제대로 훈련시켜 현업에 투입하려면 적어도 1인당 1억 원 정도의 비용이 들어가지요. 학교에서 가르쳐야 할 것을 기업이 대학 등록금의 3~5배를 들여 가르치고 있으니 한심할 따름입니다."

  - SK 인사담당자

"신입사원은 연봉의 2.5배 정도의 업무성과를 내야 월급 값을 한다고 볼 수 있지요. 하지만 신입사원을 그 정도로 키워내려면 적어도 3년은 걸립니다."

  - 한화 인력개발원 관계자

"대학교육 내용이 현실과 동떨어져 있다는 게 문제지요. 대학원에서 인사관리를 전공한 사람을 뽑아도 회사의 인사 업무에 적응하는 데는 2년 이상 필요하니 말입니다."

  - 유한킴벌리 인사담당자

그래도 계속 아니라고 우긴다면 전국경제연합회의 회원사 122개의 인사담당자들을 대상으로 조사한 연구 결과를 살펴보자. 〈기업에서 본 한국교육의 문제점과 과제〉라는 보고서에 따르면 "신입사원이 업무를 제대로 하기 위해서는 일반관리직의 경우 23개월이, 기술직의 경우 30개월의 시간이 평균적으로 투자된다"고 한다.

즉 당신은 아직 월급 값도 못하는 풋내기 신입사원일 뿐이라는 말이다. 아무리 똑똑하더라도, 무수히 많은 공모전 수상 실력을 뽐낼지라도 아직은 당신의 때가 아니다. 학교 때 열심히 쌓아놓은 내공들은 회사생활 내공이 쌓인 후에야 빛을 볼 수 있다. 그러니 부디 지금은 당신이 부족한 사람이라는 것을 인정하는 것이 좋다.

똑똑한 친구들일수록 신입임에도 자신이 꼭 필요한 존재라고 생각한다. 그래서 자신의 기준에서 능력이 떨어져 보이는 선배들을 바로 자기 아래로 생각한다. 그리고 팀의 리더에게 본인의 능력을 어필하기도 한다. 하지만 조금 모자라 보이는 그 선배는 그 회사에서 당신보다 오래 버틴 사람이다. 당신보다 훨씬 넓은 인맥이 있다. 또 풋내기 신입사원이 미처 알아보지 못한 숨은 실력자일 수도 있다. 설령 그가 신입사원보다 능력이 떨어진다 하더라도 절대 무례하게 굴면 안 된다. 선배에게 함부로 대하는 신입사원을 좋아할 상사는 아무도 없기 때문이다. 그것은 기본적인 태도와 인성의 문제다. 다시 한 번 강조하지만 신입사원인 당신은 아직 월급만큼도 일을 못 하는 왕초보임을 인정하자.

3. 모두가 나에게 잘해줄 것이다

세 번째 착각은 남자 신입사원들보다 여자 신입사원들에게 빈번히 발생한다. 왜 그럴까 곰곰이 생각해본 결과 '남자들은 군대를 다녀와서 그렇다'는 결론이 내려졌다. 군대라는 곳은 이유야 어찌 되었건 선임병사가 후임병사를 괴롭히기 딱 좋은 장소다. 선임인 본인들도 과거 그랬고, 지금 괴롭힘을 당한 후임들도 시간이 흘러 똑같이 후임을 괴롭히게 될 수 있는 그런 장소다. 그래서 남자 신입사원들은 모두가 나에게 잘해주지 않는다는 것을 경험적으로 알고 있다.

하지만 여직원들은 다르다. 그녀들은 자신을 괴롭히는 사람들이 있는 조직에 소속된 경험이 많지 않다. 친구를 사귈 때도 성격이 나와 안 맞으면 서로 안 보고 살면 그만이었다. 그래서 많은 여자 신입사원들은 특히나 세 번째 착각 속에 많이들 빠져 있다.

신입사원 시절, 나는 사람들이 좋아하기는커녕 모두가 나를 싫어하는 환경 속에 내동댕이쳐졌다. 당시 나는 이마트 매장의 인테리어 용품, 이불 등을 담당하는 영업매니저였는데 뜬금없이 주류, 음료, 가공식품, 세제 등을 담당하는 곳으로 발령이 났다. 그곳은 생활용품에 비해 육체적인 힘이 많이 필요한 곳이었다. 그래서 신입인데다 여자인 내가 발령이 났다는 소식에 선배들은 전혀 반기지 않았다. 그들의 마음의 문을 여는 데 3개월 정도가 걸린 것 같다.

지금도 잘 이해가 안 가지만 남자들은 피곤하면 호프집으로 향하는 습성이 있다. 새벽 3~4시까지 야근을 하는 날이면 빨리 가서 자도 피로가 안 풀릴 텐데, 선배들은 피곤을 푼다며 호프집으로 향했다. 나는 끝까지 따라가서 닭다리 하나 포크에 찍어 꾸벅꾸벅 조는 일이 있어도 반드시 자리를 지켰다.

"내일 누가 오전에 출근할래?"

"선배님, 저요! 저요!"

나는 졸다가도 눈을 번쩍 뜨고 선배들이 싫어하는 오전조 출근을 한다며 외쳐댔다. 그렇게 독한 마음으로 3개월의 시간이 흘렀을 때쯤 나는 한 선배로부터 이런 말을 들을 수 있었다. 그는 여러 명의 선배들 중에서도 가장 무서운 호랑이 선배였다.

"은영 씨, 나는 신입사원들이 오면 보통 내가 알고 있는 게 10이라면 거기서 3~4정도를 가르쳐줘요. 그런데 내가 은영 씨한테는 8~9까지 가르쳐준 거 알아요?"

그 말을 듣는데 눈물이 핑 돌았다. 그간의 노력이 보상을 받은 것처럼 뿌듯하고 기뻤다.

모르는 것을 당당히 모른다고 할 수 있고, 배울 수 있는 시간적 여유가 많은 신입사원 시절. 사실 지나보지 않으면 그때가 얼마나 좋은 시기인지 모른다. 부디 '학취개진學鷲開進'의 정신으로 그 빛나는 시기에 본인을 잘 갈고 닦길 기원한다.

학취개진學鷲開進

배움으로써 어려움을 이기고, 배움으로써 꿈을 찾고, 배움으로써 비전을 세우며, 배움으로써 삶을 나눈다.

꿈꾸는 사람들과 어울려라

"회사에서 일하면서 일 때문에 힘 드세요? 아니면 사람 때문에 힘 드세요?"

"사람이요."

"그럼 여러분은 일 배우는 데 시간을 더 쓰세요? 사람 배우는 데 시간을 더 쓰세요?"

"일이요."

참 아이러니한 상황이지만 실제 회사원들에게 벌어지는 상황이다. 열이면 아홉, 아니 열에 열 모두 위와 똑같이 대답한다. 우리는 일은 배우려고 하면서 정작 회사생활의 행복을 결정지을 수 있는 사람에 대한 공부는 하지 않는다. 그래서 나는 신입사원들에게 사회에 첫발을 내딛는 그 순간부터 착실히 '사람 공부'를 해야 한다고 조언한다.

영국의 정치가이자 외교관, 그리고 유명한 저술가인 필립 체스터필드는 이렇게 말했다.

"인간은 평소에 자주 접하는 사람들의 분위기나 태도, 장단점, 사고방식까지 무의식적으로 닮는다. 선량한 사람이 되고자 한다면 선량한 사람을 사귀어라."

내가 말하는 사람 공부는 사람들의 서로 다른 성격을 이해한다든지, 복잡한 인간관계에서의 심리를 배우라는 것이 아니다. 사람 공부란 어떤 사람들과 어울려야 할지 명확하게 아는 것, 그리고 그들로부터 무엇을 배울 수 있을지 끊임없이 관찰하고 실행해보는 것. 그것이 내가 생각하는 사람 공부의 정의다.

그래서 신입사원들이 앞으로 어울려야 하는 사람들을 네 가지 친구 그룹으로 구분해봤다.

1. 직장 친구

입사해서 만나게 되는 입사 동기들, 선배들, 선배라고 부르기에는 직급 차이가 좀 많이 나는 과장님들, 팀장님들. 여기에도 급이 있다. 이왕이면 나에게 도움이 될 만한 최고의 사람들과 가까이 지내야 한다. 그런 사람을 구별하는 방법은 간단하다. 다음의 세 가지 조건에 맞는 사람이면 된다. 꿈이 있는 사람, 성장하는 사람, 회사가 좋다고 말하는 사람.

신기하게도 꿈이 있는 사람은 계속 성장하는 사람이고, 이런 사람들은 일이 많아도 힘이 들어도 회사를 욕하며 불평하는 법이 없다. 오히려 회사가 좋다고 말하는 사람들이다. 이들은 일을 대하는 태도와 눈빛부터가 남다르다. 예로부터 이르기를 친구를 보면 그 사람을 알 수 있다고 했다. 신입사원 시절부터 나에게 좋은 방향을 일러줄 수 있는 위의 세 가지 조건을 갖춘 사람을 가까이 하라.

반대로 회사를 단순히 돈을 벌기 위한 수단쯤으로 생각하는 사람들은 절대 멀리해야 한다. 이런 사람일수록 꿈과 목표가 없고, 시간이 갈수록 뒤처지며, 회사에 온갖 불평불만을 토해낸다.

어떤 사람들과 어울리는지에 따라 앞으로의 회사생활은 '즐거운 꿈터'가 될 수도, '지겨운 밥벌이 일터'가 될 수도 있다. 최고가 되고 싶다면 최고와 어울려야 하듯이 일이 아닌 꿈처럼 일하는 '드림워커' 선배들을 찾아 그들과 어울리고 그들의 사고방식을 배워라.

2. 꿈 친구

얼마 전 연세대를 방문한 구글의 에릭 슈미트 회장은 청춘들을 위한 강연에서 이렇게 말했다.

> "항상 나보다 더 똑똑하고, 더 독특하고, 더 미친 사람들을 친구로 두라. 여러분 주위에도 굉장히 똑똑하고 무언가에 미쳐 있는 친구가 한 명쯤은 있을 것이다. 그런 사람과 어울려라. 흥미 있는 일을 할 수 있을 것이며, 그들이 새로운 것을 만드는 사람이다."

이 말을 듣고 친구 한 명이 떠올랐다. 그녀는 〈드림아이두센터〉의 대표이자 《당신은 드림워커입니까》의 저자 권동희 작가다. 우리는 서로를 '꿈 친구'라고 부른다. 서로 다른 길을 걷고 있지만 '동기부여가'라는 하나의 꼭짓점을 향해 나아가고 있기 때문이다.

우리는 20대부터 우리와 아무런 상관이 없는 연예인이나 신변잡기적인 이야기로 시간을 보내는 법이 없었다. 항상 서로의 목표, 꿈, 그것을 실행하기 위한 방법, 그리고 '우리는 할 수 있다'라는 다짐을 하곤 했다. 결국 그녀는 나보다 조금 앞서 책을 냈고, 지금은 강연가로

또 청춘들의 멘토로 활동하며 '미래드림학자'가 되기 위해 고군분투
하고 있다. 그녀로 인해 나는 자극과 자신감을 얻는다. 그리고 내가
꿈을 잊지 않고 직장에서 나의 꿈과 일을 접목할 수 있게 영감을 주곤
한다.

당신은 이런 꿈 친구가 있는가? 에릭 슈미트 회장의 말처럼 굉장히
똑똑하고, 무언가에 미쳐 있는 친구가 당신 주변에 적어도 한 명쯤은
있을 것이다. 곰곰이 떠올려보고 그런 친구들과 어울려라. 만약 없더
라도 실망하지 마라. 지금부터 그런 친구를 사귀면 되니 말이다.

3. 유명인 친구

당신은 유명인 친구가 있는가? 나는 수백 명 아니 수천 명의 유명인
친구가 있다. 그 유명인들은 바로 책의 저자들이다. 한 권의 책에는 성
공한 저자의 인생의 가치관, 좌우명 그리고 성공을 이루기까지의 인생
여정이 오롯이 들어 있다. 그 사람이 살아온 어린 시절 이야기부터 무
슨 생각을 했는지, 그리고 어떻게 살고 있는지, 어떤 미래를 꿈꾸고 있
는지까지 그의 과거, 현재, 미래를 전부 공유할 수 있다. 즉 친구가 되
는 것이다. 그 사람을 직접 만나고 안 만나고는 중요하지 않다. 이미
그들의 생각과 삶의 지혜가 책에 전부 들어 있지 않은가!

따라서 유명인 친구를 갖고 싶다면 그 사람의 책을 읽어라. 성공한
사람을 친구로 두고 싶다면 성공한 사람의 책을 읽으면 된다. 그리고
가끔은 책으로 시작한 인연이 실제 인연으로 이어지기도 한다. 나는
《죽은 열정에게 보내는 젊은 Googler의 편지》,《젊은 구글러가 세상

에 던지는 열정력》,《생각을 선물하는 남자》의 저자이자 청춘 멘토로도 유명한 김태원의 책을 읽은 후 실제 그를 사적으로 만나는 사이가 되었다.

어느 책이나 저자 혹은 출판사 편집자의 이메일 주소를 책에 싣는데 이것을 보고 실제 연락을 하는 사람은 극히 소수에 불과하다. 하지만 나는 김태원 저자의 두 번째 책을 담당한 당시 출판사의 편집자에게 이메일을 보냈고 그렇게 우리는 이메일을 주고받다가 자연스럽게 친구가 되었다. 마침 그 편집자와 김태원 저자는 형, 동생 하는 사이로 매우 친했고, 그렇게 셋이 친해지게 되었다. 더구나 몇 달 후 나는 김태원이 진행하는 평화방송의 〈열정으로 두드림〉에 함께 출연하기도 했다.

책을 쓴 사람은 이미 그 분야의 전문가로 인정받았다는 뜻이다. 부지런히 그 저자들과 친구가 되어야 한다. 그래서 그들의 노하우를 배우고 나 또한 특정 분야의 전문가가 되기 위해 노력해야 한다. 유명인 친구를 두고 싶다면 무조건 그들의 책을 많이 읽기를 권한다.

4. 남자(여자)친구

신입사원이 되고 첫 번째로 겪는 큰 변화는 사귀던 이성친구와 헤어지는 것이다. 나는 농담 반 진담 반으로 이성친구가 있는 신입사원들에게는 이렇게 말하곤 한다.

"어차피 지금 사귀는 사람하고 헤어질 거니까, 그냥 일에 올인하는 게 좋아."

그리고 얼마 지나지 않아 내 말을 증명이라도 하듯 사귀던 사람과 헤어졌다는 소식이 여기저기 들려온다.

사실 내가 미래를 예지한 것이 아니다. 원래 신입사원들은 학생 때 사귀던 이성친구들과 많이 헤어지게 되어 있다. 직장인이 되면 학생 때와는 다른 큰 변화를 겪기 때문이다. 만나는 사람들도, 주로 가는 장소도, 이야기하는 주제도, 그리고 생각하는 가치관까지 사회인에 맞게 새롭게 설정된다. 그리고 무엇보다 학생 때처럼 마음껏 쓸 수 있는 자유시간이 줄어든다. 당연히 이런 변화 속에서 본인뿐만 아니라 옆의 이성친구도 혼란스럽기 마련이다. 사회인으로의 재설정 상태를 자신에 대한 마음이 변했다고 생각하기 때문이다. 그렇게 그들은 자연스럽게 헤어지고 결혼은 사회에서 만난 사람과 하게 된다. 나 역시 그랬다.

그래서 나는 새롭게 이성 친구를 사귀게 될 신입사원들에게 이렇게 조언해주고 싶다. 이왕이면 '야망 있는 사람'을 만나라고 말이다.

야망이 있다는 말은 앞으로 꾸준히 성장할 수 있다는 뜻이다. 그리고 성장하는 사람 옆에 있어야 본인도 멈추지 않고 앞으로 나아갈 수 있다. 즉 내 연인이 누구보다 좋은 나의 '꿈 파트너'가 되어 주는 것이다. 만날 때마다 영화를 보거나 커피숍에서 각자 스마트폰을 보며 시간을 때우는 대신, 함께 책을 읽고 강연장에 다니며 서로의 꿈을 키워줄 수 있으니 이 얼마나 좋은가! 그렇다고 일부러 지금 만나고 있는 사람과 헤어질 필요는 없다. 만약 지금 사귀고 있는 그(그녀)가 야망이 없다면 내가 야망이 있는 이성친구가 되어주면 된다.

좋은 사람을 만나는 것은 신이 주신 축복이라고 한다. 또 어떤 친

구를 사귀느냐에 따라 운명이 결정된다고 한다. 이 네 종류의 친구를
만나는 것은 분명 신의 축복이고, 그들이 당신의 운명을 보다 좋은 쪽
으로 이끌어줄 것이 분명하다.

세상이 붙여준 이름을 거부하라

연예인 출신 자기계발 강사이자 강연회 섭외 1순위의 오종철이 있다. 그는 연 100회가 넘는 강연으로 전국의 수많은 직장인, 대학생, 기업인, 주부들을 대상으로 꿈과 열정의 메시지를 전하고 있다. 강연뿐만이 아니다. 그는 olleh KT의 〈오종철의 드림스테이지〉, 잡코리아의 〈나의 꿈을 소리치다〉, 신개념 나눔 콘서트 〈모발 나눔 콘서트〉, 팟캐스트 방송 〈꼴찌들의 통쾌한 승리〉를 기획하고 MC로 활동하고 있으며, CBS의 〈세상을 바꾸는 시간 15분〉의 MC로 활동하며 바쁜 나날을 보내고 있다. 하지만 지금의 화려한 이력과 달리 그가 사회인으로 첫발을 내딛던 순간부터 현재 결과를 이루기까지 그간의 과정이 순탄치는 않았다.

그는 SBS 공채 5기 개그맨으로 연예계에 입성했다. 그 역시 개그맨이라면 누구나 꿈꾸는 〈개그콘서트〉에 나가고 싶었고, 국민 MC 유재석 같은 최고의 진행자가 되고 싶었다. 하지만 그에게 방송 활동의 기회는 거의 주어지지 않았고 당연히 동료 개그맨들에 비해 인기도 얻지 못했다.

"넌 별로 웃기지 않아."

사람들을 웃기는 직업인 개그맨 오종철에게 웃기지 못한다는 말은 청천벽력과도 같았다. 결국 그는 수년간이나 무명 개그맨이란 이름으로 살아가야 했다. 그 기간 동안에 '오종철'이란 이름은 없었다. 단지 그는 방송 대기실에서 누가 자신을 찾아주기만 기다렸다.

하지만 어느 날 그가 이름의 순서를 뒤바꾼 후 모든 것이 달라졌다. 그는 인생의 새로운 돌파구를 찾은 그 시점에 대해 이렇게 말한다.

"개그맨 오종철이 아닌 '오종철의 개그'로, 그러자 새로운 길이 보이기 시작했다. 내 앞의 수식어를 뒤로 빼고 내 이름을 앞으로 놓기 시작하자 새로운 변화가 시작됐다. '개그맨 오종철'은 〈개그콘서트〉에 나가서 유명해져야 하는 오종철에 불과했지만, '오종철의 개그'를 통해서는 내가 하고 싶은 개그를 할 수 있었고, 스스로 미션을 정해서 내 길을 개척할 수 있는 돌파구를 만들 수 있었다."

그가 '개그맨 오종철'에서 '오종철의 개그'로 이름을 바꾼 순간 전국 1,000여명의 개그맨들 중 회당 단 100명밖에 출연할 수 없는 〈개그콘서트〉의 한계에서 벗어날 수 있었다. 이후 그는 사람을 웃기는 개그맨이 아니라 '세상 사람들이 웃을 수 있는 일을 만드는 개그맨'이라는 인생의 큰 그림을 새롭게 정할 수 있었다. 그 결과 지금 그는 강연가이자 다양한 토크쇼의 MC가 되었다.

그는 이 모든 성공의 비결을 이름 앞의 수식어를 떼고 자신의 이름을 맨 앞에 두었기 때문이라고 말한다. 수많은 사람들 중의 한 명인 '원 오브 뎀One of them'이 아닌 세상에 단 하나밖에 없는 '온리 원Only One'으로 최고의 경쟁력을 갖춘 것이다.

세상이 붙여준 '○○회사에 다니는 나'라는 이름을 거부하자. 그리고 당당히 내 이름을 회사 이름 앞에 둬보자. '나 ○○○이 다니는 ○○

회사'로 말이다. 나의 경우라면 '이마트에 다니는 회사원 이은영'이 아닌 '이은영이 다니는 이마트'가 된다. 이마트에 다니는 회사원은 수만 명이 넘는다. 하지만 이은영이 다니는 이마트는 이 세상에 단 하나뿐이다. 내 이름 앞의 타이틀을 벗어 던지고, 나의 이름을 제일 앞으로 끌어오면 나는 이 세상에 단 하나밖에 없는 '온리 원'이 될 수 있다.

자신의 이름을 앞에 내세운 그 순간 당신은 아마 일을 대하는 태도부터 달라질 것이다. ○○회사에 다니는 나는 타인이 내 삶의 주도권을 가지고 있기 때문에 회사에서 보내는 시간이 아깝다. 야근이라도 하는 날이면 억울하기 그지없다. 즉 내가 사는 삶인데도 그 속에 '내'가 없고 '회사'만 있을 뿐이다.

하지만 '내가 다니는 ○○회사'에서 일하고 있다면 어떨까? 삶의 주도권이 전적으로 나에게 주어지므로 더 적극적으로 일을 할 수 있게 된다. 특히 신입사원 때부터 이런 훈련이 몸에 베인다면 당신의 직장생활은 눈부신 성과로 가득한 곳이 될 수 있다.

한 여론조사기관이 작년 전 세계 24개국의 약 2만 명을 대상으로 조사한 결과 국민들의 행복도가 가장 높은 국가는 인도네시아였다. 인도네시아는 응답자의 51퍼센트가 '아주 행복하다'라고 대답한 반면 우리나라는 단 7퍼센트에 그쳤다. 이 조사에서 대한민국의 행복도 등수는 24개국 중 23위였다.

단순 구매력 기준으로만 따져봐도 한국은 인도네시아에 비해 여섯 배나 많은 돈을 쓰고 있다. 인구 절반이 우리나라 돈으로 약 3,000원

미만의 돈으로 생활하는 인도네시아. 하지만 경제력과 상관없이 그들의 국민 행복지수는 최상위를 차지한 반면 우리나라의 국민 행복지수는 최하위로 나타났다. 과연 무엇이 이런 결과를 낳게 한 것일까?

많은 전문가들은 그 이유를 '비교하지 않는 삶' 때문이라고 평가했다. 인도네시아에서는 설령 자신보다 나이가 한참 어린 사람이 상관이 되어도 크게 신경 쓰지 않는다고 한다. 인도네시아에서는 빈부의 격차 및 사회 발달 속도 때문에 상대적으로 교육을 많이 받은 젊은 층의 직책이 높은 경우가 많다. 우리나라였으면 당장 퇴직을 결심하는 직장인들이 많았을 것이다. 하지만 인도네시아에서는 나이 어리고 나보다 능력 좋은 상사 때문에 퇴직을 하는 사람은 거의 없다고 한다. 그는 그의 삶을 살고 나는 나의 삶을 산다고 여기기 때문이다. 즉 타인과 나를 비교하지 않고 내가 생각하는 행복의 기준대로 살아간다.

온리 원이 되기 위해서는 이처럼 타인과 나를 비교해서는 안 된다. 온리 원이 무슨 뜻인가? 세상에 단 하나 밖에 없다는 것이다. 딱 하나 밖에 없기 때문에 비교 자체가 불가능하다. '소통테이너'라는 말로 특허까지 받아 진정한 온리 원이 된 오종철 역시 자신의 이름을 앞에 두기 전까지는 자기보다 잘난 사람들과 스스로를 끊임없이 비교하며 괴로운 시간을 보냈다. 하지만 지금은 세상에 하나밖에 없는 소통테이너로 누구보다 행복하고 만족스러운 삶을 살고 있다.

타인과 나를 끊임없이 비교하고 남들과의 경쟁에서 이기고자 하는 사람은 자신만의 길을 걷는 온리 원이 아니다. 그들은 자신의 행복을 외부적인 조건에서 찾고 남들과 싸워 이기는 '넘버 원'이 되고자 하는 사람들이다. 내 행복의 조건이 외부에 있기 때문에 세상이 붙여준 이름대로 살아가게 되어 있다. 어느 대학을 졸업한 누구, 남들이 부러워하는 직장에 다니는 누구, 조건 좋은 사람과 사귀는 누구 등으로 말이다.

이런 비교 중독증에 걸린 사람들은 점차 타이틀과 순위에 집착하게 된다. 그러면서 정작 자신의 이름은 잊는다. 치열한 경쟁 속으로 자신을 밀어 넣고 괴롭게 살다가 결국 '지금 내가 뭘 하고 있는 거지?'라는 의문에 사로잡혀 뚜렷한 목표나 계획 없이 사표를 내버리기도 한다.

사회에 첫발을 내딛는 순간부터 자신의 이름으로 살길 바란다. 세상이 붙여준 타이틀이나 경쟁 속의 순위가 아닌, 세상에 하나밖에 없는 당신의 이름으로 말이다.

세상이 붙여준 이름을 거부하라. 더 이상 타인과의 불필요한 경쟁에서 자신을 소모하지 말고 당당히 내 이름을 앞에 둔 채, 나만의 무대를 세워라.

벌써 이직을 말하는 그대에게

사직서 쓰는 아침

- 전윤호

상기 본인은 일신상의 사정으로 인하여

이처럼 화창한 아침

사직코자 하오니

그간 볶아댄 정을 생각하여

제가해주시기 바랍니다.

머슴도 감정이 있어

걸핏하면 자해를 하고

산 채 잡혀먹기 싫은 심정에

마지막엔 사직서를 쓰는 법.

오늘 오후부터는

배가 고프더라도

내 맘대로 떠들고

가고픈 곳으로 가려 하오니

평소처럼

돌대가리 같은 놈이라 생각하시고

뒤통수를 치진 말아주시기 바랍니다.

《칼의 노래》,《남한산성》으로 유명한 소설가 김훈이 작가가 되기 전 기자 생활을 청산하며 낸 사직서의 내용은 다음과 같다.

"안녕."

전윤호 시인의 사직서는 구구절절 가슴에 와 닿아 좋고, 김훈 소설 가의 사직서는 간단명료하니 통쾌해서 좋다. 신입사원이라면 한 번쯤 남몰래 가슴속에 품어보았을 물건이 바로 사직서다. 나 또한 그때 그 시절 난생 처음으로 역술원과 타로점 보는 곳을 기웃거리며 이직 상 담을 했었다. 왜 이직을 생각하면서 구직 사이트나 헤드헌팅 회사가 아닌 미신에 기대었는지 생각하면 웃음이 난다. 아마 정말 뭘 몰랐던 신입사원 시절이기 때문 아니었을까? 지금 생각해보면 '저 힘들다고 요!'라는 하소연을 하고 싶었던 것 같다.

사실 나보다 조금 더 심하게 힘들다고 외치는 동기들이 많았는데 아래는 신입사원 시절 동기들이 주고받은 대화 중 일부다.

"직장인들은 보통 3년, 5년, 7년 단위로 위기가 온다는데 말이야. 나는 3개월, 5개월, 7개월 단위로 회사가 그만두고 싶다. 이러다 1년 채울 수 있을까?"

"그나마 너는 좀 낫다. 나는 3초, 5초, 7초마다 그만두고 싶다."

"너는 좀 심했다. 안되겠다. 너는 그만둬야겠다."

이런 대화를 나누던 동기들 중 몇 명은 정말 회사를 나갔고, 또 몇 명은 그 후로 1~2년이 더 지나 나갔고, 그중 3분의 2는 여전히 회사를 다니고 있다. 그만둔 동기들 중 몇 명은 우리 회사보다 더 좋은 곳으로 이직했다고 하고, 몇 명은 이직에 실패했는지 소식이 들리지 않고, 사실 또 몇 명은 별로 궁금하지 않아서 어떻게 되었는지 잘 모르겠다. 그리고 간혹 '옮겨보니 거기가 더 낫다'며 다시 돌아오고 싶어하는 친구들도 있었다.

지금 생각해보면 잘 기억도 안 나는 몇 명은 참 잘 나갔다 싶고 몇 명은 참 아깝다. 그 친구들과 같은 회사에서 일할 수 있는 기회를 놓쳤다는 것이 말이다. 하지만 선택은 누구도 대신할 수 없으며, 옳은 선택이었는지 나쁜 선택이었는지 역시 자신만이 알 수 있다.

"선배님, 시간 되세요. 할 말이 있어서 연락드렸습니다."

내가 교육한 신입사원들에게 이런 문자나 전화가 오면 가슴이 철렁하다. 열에 아홉은 십중팔구 회사를 그만두고 싶다는 상담 전화이기 때문이다. 사실 대부분의 신입사원들이 퇴사라는 결정을 내린 후 연락하기 때문에 상담이라기보다는 '통보', 아니면 '작별인사'에 가깝다.

이럴 때면 그 결정에 대해 어떤 조언도 해줄 수가 없다. 그저 "이렇게 그만둬도 다른 장소, 다른 위치에서 꼭 다시 보자. 더 나은 모습으로 만날 수 있을 거야"라는 말밖에는 말이다. 그럴 때마다 가슴 한 구석이 찌릿하게 아파온다. 그래서 나는 아직 마음의 결정을 내리기 전인 혹은 아직 그런 마음조차 품어보지 않은 사람들에게 미리 조언을 해주고 싶다. 퇴사 결심이 서고 나면 더는 다른 사람의 말이 귀에 들어오지 않기 때문에 꼭 그전에 말해주고 싶었다.

수많은 신입사원들이 회사에 들어오고 또 나간다. 뽑아만 주시면 목숨 받쳐 일하겠다던 친구들의 낯빛이 점점 어두워지더니 회사를 나간다고 한다. 반면 있는지조차 모르게 존재감 없던 신입사원이 부쩍 성장해 우수한 성과를 보이기도 한다. 그렇게 오랜 기간 그들을 지켜보며 나는 신입사원들의 한 가지 공통된 행동패턴을 발견하게 되었다. 바로 행복한 상황에서는 행복한 결정을, 우울한 상황에서는 우울한 결정을 내린다는 것이다.

생각해보니 일하는 재미에 푹 빠져 있을 때면 아무 생각 없이 일에 완벽히 몰입했던 것 같다. 반면 우울한 마음에 물먹은 빨래처럼 축 처져 있을 때면 온갖 잡생각이 들며 변화를 꾀했다. 즉 우울할 때 우리는 충동적으로 변화하려는 결정을 내리는 것이다. 대표적인 사례가 신입사원들의 퇴직 결심이다. 공통적으로 그들은 몸과 마음이 지치고 우울할 때 퇴사를 결심했다. 전형적으로 우울할 때 내리는 우울한 결정이다. 이때는 앞서 말한 것처럼 주변에서 하는 말이 전혀 들리지 않는다. 우울하기 때문이다. 우울하면 마음의 문과 함께 귀까지 닫혀버린다.

나는 퇴직이나 이직을 결심하기 전에 반드시 아래 세 가지 질문을 스스로에게 하라고 말해주고 싶다.

1. 여기가 지긋지긋해서가 아니라 가고자 하는 다른 방향을 위한 결정인가?

지금 일하는 회사가 싫어서 떠난다고 생각해보자. 옮기려고 하는 그 회사는 다를 것 같은가? 어느 회사에나 이상한 상사, 내 마음 몰라주는 동료, 말 안 듣는 후배가 있기 마련이다. 옮긴 그 회사가 지금 내가 지긋지긋해하는 이곳보다 더 나으리라는 보장은 없다. 그렇기 때문에 똑같은 실패를 겪지 않으려면 퇴직 결심은 '이곳이 싫어서'가 아니라 '내가 원하는 방향'을 위해서여야 한다.

하지만 많은 신입사원들이 일단은 고통스러운 이곳을 당장 벗어나고 싶어한다. 퇴직 후에 다른 방향을 생각해본다고 말한다. 이것처럼 위험한 결정도 없다. 그 다른 방향은 반드시 회사라는 안전한 울타리가 있을 때 생각해야 옳다.

회사를 그만두면 홀가분해서 더 생각이 잘 날 거라는 착각에서 벗어나자. 멀쩡히 다니던 회사를 그만두면 주변에서 당신을 가만두지 않는다. 성급한 결정을 비난하고, 알지도 못하면서 나약하다 말하고, 다른 방향을 빨리 찾으라며 재촉한다. 이런 비난과 재촉 속에서 올바른 방향을 찾을 수 있을 만큼 마음이 강한 사람은 많지 않다. 그러니 단순히 싫어서가 아닌 내가 원하는 방향으로 계획이 섰을 때 퇴사를 결심해야 한다.

2. 여기에서 한 번이라도 최고인 적이 있었는가?

많은 신입사원들이 회사를 떠나며 이렇게 말한다. 이 부서가 아니었으면 혹은 다른 일을 했으면 퇴사하지 않았을 거라고 말이다. 자신에게서 이유를 찾기보다 자신을 둘러싼 환경을 탓하며 떠난다. 하지만 내가 보기에 그 친구들은 다른 부서에서 다른 일을 했어도 마찬가지가 아니었을까 싶다. 목표가 뚜렷하고 일에 열정적인 사람일수록 어딜 보내나 자기 이름값을 한다. 원래 가고 싶은 부서가 인사팀이었어도 영업팀에 발령이 나면 주어진 역할도 잘 소화해낼 뿐만 아니라 틈틈이 인사팀 관련 일들도 준비한다.

신입사원들은 입사하자마자 본인이 원하는 직무를 할 수 없다. 그리고 아직 회사 생활을 제대로 해보지 않았기 때문에 어떤 직무가 자신에게 맞는 일인지도 잘 모른다. 최소 1년 이상 일하면서 회사의 업무를 보는 눈이 키워지고 그러면서 자신의 적성도 찾아가게 되는 것이다.

어느 부서장이라도 자기 부서의 사람을 뽑을 때 '평판 조회'를 하기 마련이다. 현재 있는 자리에서 얼마나 성실하게 또 적극적으로 일을 했는지를 평가한다. 지금 하고 있는 일에 불성실한 사람이 부서와 일이 바뀌었다고 해서 갑자기 성실해지지 않기 때문이다. 그만두기 전에 자신을 객관적으로 살펴보자. 지금 자리에서 최고인 적이 단 한 번이라도 있었는가?

아니라면 정말 하고 싶은 일을 하기 위한 연습이라 생각하고 한 번 최고가 되어보자. 그 자리에서 최고라고 인정받고 그렇게 되기 위한 방법을 완벽히 익힌 후에 품고 있던 사직서를 제출해도 늦지 않다.

3. 입사했을 당시의 초심을 들여다 보았는가?

신입사원의 교육 마지막 날이면 자신만의 버킷리스트를 만드는 시간을 마련한다. 이 활동은 1년 뒤 나에게 보내는 편지인데 회사에서 자신이 되고자하는 모습, 즉 '꿈'을 적는 것이다. 나는 100여명의 신입사원들이 쓴 편지들을 한곳에 모아 그들이 신입사원 딱지를 떼는 입사 1년 뒤 각자가 있는 곳으로 보내주었다.

"선배님, 아무 생각 없이 일하고 있다가 선배님이 보내주신 편지를 받았습니다. 봉투를 열어보니 1년 전에 제 자신에게 쓴 편지더군요. 입사했을 때 제가 어떤 꿈을 꾸었는지, 우리 회사에서 어떤 사람이 되고 싶은지 등 잠시 잊고 있던 소중한 다짐들을 1년만에 다시 떠올릴 수 있었습니다. 그러다가 갑자기 눈물이 쏟아져서 화장실로 뛰어가 소리도 못 내고 울었습니다. 이렇게 잊지 않고 편지 보내주셔서 정말 감사드립니다."

그 편지들을 보내고 나는 위와 같은 수없이 많은 감사의 인사를 들었다. 그리고 많은 친구들이 잊었던 자신의 꿈을 되찾았다며 좋아했다. 퇴사를 결심하는 당신도 분명히 입사 당시의 가슴 떨리는 '초심'이 있었을 것이다. 조용한 곳에서 시간을 내 초심을 생각해보자. 그 후에 결심해도 늦지 않다.

신입사원이라면 반드시 열정이 활활 불타오르는 초심을 잊기 전에 그것을 메모로 남겨 둬야 한다. 내가 신입사원들과 했던 방법처럼 스스로에게 편지를 써보자. 그리고 힘들 때마다 꺼내어 읽어보자. 생기를 잃어가던 당신도 분명 열정으로 가득했던 순간이 있었다는 것을 깨닫게 될 것이다.

이 세 가지 질문 앞에 당당히 "네"라고 답할 수 없다면 다시 생각해보아야 한다. 찬찬히 자신과 마주하고 시간을 많이 투자해 묻고 답해보자. 이 질문들 앞에 당당해질 때 그때 떠나도 늦지 않다.

멋지게 프레젠테이션하는
신입사원을 꿈꿨는가?

"입사만 시켜주신다면 목숨 걸고 최선을 다하겠습니다!"

시중의 많은 취업서에서는 위 대답을 구체적이지 않고 전문성이 떨어지기 때문에 절대로 저렇게 말하면 안 된다고 말한다. 하지만 나는 그 말에 동의하지 않는다.

'좋기만 하고만. 우리 회사를 위해 목숨까지 받쳐 열심히 일 한다는데.'

사실 요즘은 이렇게까지 회사에 높은 충성도를 보이는 신입사원들이 거의 없다. 대졸 신입사원의 1년 내 퇴직률이 29.3퍼센트를 기록하는 것이 지금의 현실이다. 열 명을 뽑아놓으면 세 명은 자발적으로 회사를 나간다는 말이다. 도대체 뽑아만 달라던 신입사원들에게 무슨 일이 생긴 것일까? 그전에 나의 신입사원 때 이야기를 들려주겠다.

나는 신입사원 시절 회사 매장 중 한 곳의 영업매니저로 근무했다. 어쩌면 당신이 대형마트 매장에서 본 직원들 중 한 명일 수도 있다. 매장에서 상품을 진열하거나 계산을 했기 때문이다. 물론 그것은 매니저가 해야 하는 여러 일들 중 하나였지만 사실 신입사원 시절에는 출근해서 퇴근할 때까지 진열과 계산만 했다.

하루는 휴가 시즌에 판매량이 가장 많은 스라면을 진열하고 있었다. 내 키보다 더 높이 라면 박스를 가득 싣고 매장으로 나와 열심히 진열했다. 그 많은 박스들을 전부 열어 진열을 마쳤는데 거짓말 조금 보태 말하자면 뒤돌아서니 진열대가 텅 비었다.

'뭐야, 그세 다 사간 거야? 이 동네 사람들은 라면만 먹고 사나!'

물론 손님이 많아 물건이 많이 팔리는 것은 회사에게도, 또 직원인 나에게도 좋은 일이지만 당시에는 너무 힘이 들어 저런 생각을 하곤 했다. 여름휴가 시즌에는 삼겹살 다음으로 라면이 제일 잘 팔리는 품목이다. 결국 그날은 출근해서 온 종일 라면만 진열했다.

당시 내가 근무한 매장은 우리 집과 가까운 곳이었다. 일주일에 두세 번은 야간 근무를 해야 했기 때문에 배치 면담 시에 무조건 집 가까운 곳을 1순위로 지원했다. 다행히 지원한 점포에서 일을 하게 되었고, 차가 끊긴 시간에는 걸어서 집에 갈 수 있어서 기뻤다.

하지만 전혀 예상치 못한 변수가 있었다. 학교 친구, 학교 선생님, 친척, 엄마, 엄마 친구, 엄마 친구 딸 등이 수시로 내가 일하는 매장에 쇼핑을 온다는 것이었다. 그날은 고등학교 3년 내내 짝사랑했던 첫사랑 선생님과 맞닥뜨리게 되었다. 하필이면 깨진 독에 물 붓듯이 채워도 채워도 뒤돌아서면 없어지는 ㅅ라면을 진열할 때였다. 선생님 역시 라면을 집어드는 수많은 손님 중 한 명이었는데 그 옆에서 진열을 하고 있던 나를 발견한 것이다.

"은, 은영아, 너 여기서 뭐하니? 혹시 아르바이트하니?"

선생님은 라면을 진열하고 있는 내가 이곳의 정직원일 리 없다고 미리 단정 짓고 있었다. 게다가 '학교 때 공부 꽤나 잘하던 은영이가 일이 잘 안 풀렸나?' 하는 안쓰러운 표정을 짓고 계셨다.

"선생님, 어디 가지 말고 여기 잠깐만 계세요. 꼭이요. 절대로 가시면 안 돼요."

굳이 괜찮다는 선생님을 붙잡아놓고 때마침 내가 출연한 회사 사보와 명함을 챙겨왔다. 그리고 내가 이곳의 당당한 신입사원임을, 그러니까 정직원임을 밝힌 후에야 선생님을 보내드렸다. 그렇게 고등학교 졸업 후 몇 년 만에 만난 내 첫사랑과의 재회는 끝이 났다.

또 하루는 회사 전단지를 돌리고 있었다. 당시에는 일주일 혹은 2주에 한 번씩 가격행사가 바뀌면 이를 알리는 마케팅 수단으로 전단지를 돌렸다. 그런데 이 전단지를 돌리는 일이 보통 힘든 것이 아니었다. 그때 폭염이 강타해 숨이 턱턱 막힐 정도로 더운 날씨였는데 그래서인지 집집마다 전단을 돌리는 일이 쉽지 않았다. 사람을 쓰면 아직 펴보지도 않은 전단지를 통째로 고물상에 팔아버리기 일쑤였다.

결국 영업 매니저들이 300부씩 전단지를 나눠 돌리기 시작했다. A3 용지 여덟 매짜리 전단 300부는 아무리 힘이 좋은 여자라도 팔의 힘만으로 들 수 있는 무게가 아니었다. 그래서 나는 엄마들이 장을 볼 때 끌고 다니는 '핸드 카트'에 전단지를 싣고 길을 나섰다. 땀을 뻘뻘 흘리면서 전단지를 한참 돌리고 있는데 길 저 끝에서 굉장히 낯익은 아주머니 한 명이 보였다.

"누구지? 어디서 많이 보던 사람인데…."

점점 거리가 가까워지자 그 낯익은 아주머니는 바로 엄마였다. 집 근처 매장에서 일하다 보니 아는 사람을 유독 많이 만났는데 엄마를 만난 것은 그때가 처음이었다. 속상해하실까 봐 일부러 내가 일하는 곳에 오지 못하게 했기 때문이다. 잠시 망설이다 결국 들고 있던 전단지로 얼굴을 가린 채, 핸드 카트는 잠시 내동댕이치고, 옆에 있는 나무 뒤로 폴짝 뛰어 몸을 숨겼다. 그렇게 엄마는 지나갔고 아직까지도 그때 일을 모르신다.

사실 당시 힘은 들었지만 '이 전단지 한 장으로 회사 매출이 올라간다!'라는 나름의 사명감을 갖고 전단지를 돌렸었다. 내가 우리 매장에 또 회사에 좋은 영향을 미친다는 게 내심 뿌듯하기도 했다. 하지만 다른 사람은 다 괜찮은데 힘들게 대학 공부까지 시켜준 엄마에게만큼은 이 무더운 날 땀 흘리며 전단지 돌리는 딸의 모습을 보이고 싶지 않았다.

그 다음주 월요일 드디어 쉬는 날이 되었다. 당시 내가 쉬는 날은 월요일과 화요일이었다. 손님이 많은 주말에는 근무를 해야 했기 때문이다. 쉬는 날이면 매장에서 입던 유니폼을 세탁하기 위해 집으로 가져왔는데 항상 시커먼 때가 잔뜩 묻어 있었다. 매장에서 상품 박스를 만지고 진열을 하다 보니 그렇게 된 것이다. 그래서 항상 빨래를 내놓을 때면 욕실에서 엄마 몰래 손목과 팔 부분을 애벌빨래해서 시커먼 때를 지웠다. 혹시라도 엄마가 빨래를 하면서 이런 생각을 할까 봐 걱정이 되었기 때문이다.

'내 딸이 회사에서 도대체 무슨 일을 하기에 유니폼이 이렇게 더러울까? 혹시 애가 내가 걱정할까 봐 아르바이트하면서 취직했다고 거짓말을 했나?'

당신이 앞으로 겪게 될 신입사원의 삶은 당신이 기대한 것과는 크게 다를 것이다. 나도 내가 라면을 진열하다가 꼬질꼬질한 모습으로 3년 동안 짝사랑한 첫사랑을 만나고, 전단지를 돌리다가 엄마 몰래 나무 뒤에 숨고, 유니폼의 때를 지우려 애벌빨래를 하리라고는 전혀 상상하지 못했다. 하지만 신입사원 때는 원래 그런 것이다. 가장 밑에서부터 일을 배우고, 자존심 상하는 일을 겪기 마련이다.

이렇게 생각해보자. 중견사원이 되고나서 허드렛일하고 자존심 상하는 일이 생긴다면 더 못 견딜 일이다. 신입사원 때의 고생이 나중에 할 고생을 미리 막아주는 '예방주사'라고 생각해보자. 훗날 이때 겪은 일들은 내가 선배가 된 후 후배들에게 들려줄 멋진 무용담이 될 것이다. 나 또한 신입사원 교육 시에 내가 신입사원 때 겪은 사례를 많이 인용하는데 반응이 아주 좋다.

"그가 다시 되살아날 수만 있다면 내게 남은 수명의 5년쯤은 기꺼이 떼어줄 수 있다."

자신의 수명까지 몇 년 씩 떼어줄 수 있을 정도로 다시 되살아나길 바라는 이 사람은 누구일까? 이것은 이제는 고인이 된 애플의 창업자 스티브 잡스를 두고 한 말이다. 나는 그가 스탠퍼드 대학에서 졸업생들을 위해 들려준 멋진 인생의 교훈을 기억하고 있다. 당시 나 역시 졸업을 앞두고 있었기에, 학사모를 쓰고 있는 예비 사회 초년생들을 위한 그의 말은 마치 나를 위한 연설 같았다.

"물론 내가 대학생일 때 앞을 내다보며 이런 점들을 이을 수는 없었습니다. 그러나 10년 후에 되돌아보면 아주 뚜렷하게 점들이 이어지는 것을 볼 수 있습니다. 다시 한 번 말하지만, 여러분들은 미래를 내다보며 점들을 이을 수는 없습니다. 오로지 뒤를 보며 점들을 이을 수 있을 뿐이죠. 그러므로 그 점들이 언젠가 미래에 어떤 식으로든 이어질 것이라고 믿어야 합니다. 그렇기 때문에 확신을 가져야 합니다. 여러분의 배짱, 운명, 인생, 업業, 뭐든지 말이죠. 이런 사고방식은 한 번도 나를 실망시키지 않았습니다. 그리고 내 인생을 변화시켜왔습니다."

신입사원 때의 수많은 경험들은 비록 회사를 그만두고 싶을 만큼 힘든 일일지라도 분명 미래와 연결될 것이다. 당신은 지금 그 미래가 무엇인지 알 수 없다. 그래서 힘든 것이다. 막막하고 두려울 것이다. 하지만 그 일련의 일들이 미래에 어떤 식으로든 이어질 것이라고 막연히 믿어보자. 기대한 것처럼 현실이 아름답지 못하더라도 그렇게 믿는다면 스티브 잡스의 인생이 그랬든 당신의 인생도 더 눈부시게 변화될 수 있다.

첫 월급을 타면 가장 하고 싶은 일

한 인터넷 커뮤니티에 '첫 월급을 타면 가장 하고 싶은 일?'이라는 글이 올라왔다. 수많은 예비 직장인들이 댓글을 달았는데 단연 1위는 '부모님 용돈 드리기'였다. 그 뒤를 이어 저축, 가족 외식, 쇼핑 순이었고 기억에 남는 댓글은 다 쓰고 후회하기, 치킨 시켜 먹기, 하나도 안 쓰고 다음 월급 기다리기였다. 그리고 졸업과 동시에 몇천만 원의 빚쟁이가 되는 대학생들의 삶을 말해주듯이 '학자금 대출 갚기'라는 댓글에는 마음 한구석이 아팠다.

나는 아직 정직원으로 채용되지 않은 인턴사원들에게 훗날 입사 후 받게 될 첫 월급을 어떻게 쓸 것인지 꼭 생각해보라고 권한다. 상상만으로도 기분이 좋아지기 때문이다. 그리고 이런 긍정의 에너지는 인턴십을 잘 마치고 최종 합격의 기쁨을 쟁취하기까지 힘의 동력원이 되어준다. 신입사원들에게도 마찬가지다. 신입사원 교육 첫날, 첫 월급만큼은 꼭 계획을 세워서 오랜 시간이 흐른 뒤에 생각해봐도 '참 멋있게 썼다' 싶도록 폼 나게 쓰라고 당부한다.

나 역시 첫 월급을 어떻게 쓸지 무척이나 고민했다. 폼 나게, 정말이지 멋있게 쓰고 싶었기 때문이다. 여러 고민 끝에 나는 월급 전부를 모두 만 원짜리 지폐로 인출했다. 그리고 손목시계가 담겨있던 상자 안에 돈뭉치를 넣고 정성스럽게 리본 끈을 묶어 장식했다. 그 상자를 작은 쇼핑백에 담아 그날 저녁 멋있게 한턱내기로 한 식당에서 부모님 앞에 내밀었다.

"엄마 아빠, 첫 월급 탄 기념으로 드리는 선물이에요."

"아이고, 우리 딸 기특하다."

내가 기억하는 부모님 얼굴 중 가장 행복한 웃음을 보이셨다. 그러나 쇼핑백 안을 들여다 본 엄마의 눈빛이 살짝 흔들렸다.

"(약간 실망하며)시계네…. (더욱 실망하며)무슨 시계를 샀어?"

엄마는 상자를 보고서 선물이 시계라고 생각한 모양이었다. 엄마는 필요하지도 않은 값비싼 시계를 받았다는 생각에 조금 서운해 하는 눈치였다. 내 앞이라 티는 안 내려고 부단히 노력하셨으나 실망한 모습이 역력해서 웃음이 나는 걸 참느라 혼이 났다.

하지만 시계 상자 안에 있던 선물은 엄마들이 세상에서 제일 좋아한다는 '현금'이었다. 그걸 발견하고 엄마는 금세 세상에서 제일 행복한 미소를 되찾았다. 역시나 두말할 것 없이 부모님 선물로는 현금이 최고다. 묵직한 돈뭉치의 힘을 제대로 본 날이었다.

그런데 잠시 후 엄마의 얼굴이 다시 어두워졌다. 울고 계셨기 때문이다. 엄마는 여러 가지 감정이 교차되는 듯 보였다. 언니와 나를 키우느라 힘들게 식당일을 하며 돈을 벌었던 일부터 비싼 대학 입학금을 마련하느라 고생한 일까지. 흐르는 엄마의 눈물 속에서 과거 우리들의 모습을 볼 수 있었다.

혹시라도 첫 월급을 어떻게 쓸지 아직 결정하지 못했다면 나처럼 월급 전부를 현금으로 찾아 부모님께 돈벼락을 선물해보자. 비록 얼마 안 되는 돈벼락이지만 대한민국 부모님들에게 현금만큼 반응이 좋은 선물도 없다. 게다가 몇십만 원짜리 두께가 아닌 나름 묵직한 한 달 치 월급 전부의 두께감이 아닌가!

물론 친구들에게 내기로 한 밥값과 출근한다며 마련한 옷값이 걱정되겠지만 염려하지 마라. 사실 월급을 통째로 드리면 그대로 다 받는 부모님은 없다. 우리 부모님도 이 돈을 다 주면 어떻게 하냐며, 반을 뚝 떼어 돌려주셨다. 부모님이 자식 생각하는 마음은 다 거기서 거기다. 그러니 첫 월급이니까 한 번쯤은 이것저것 재지 말고 부모님께 그냥 다 드려보자.

전생 이야기 중에 부모와 자식과의 인연은 부모에게 은혜를 갚으러 나온 자식과 빚진 것을 받으러 나온 자식 두 분류로 크게 구분된다고 합니다.
스스로에게 물어보세요. 나는 둘 중 어느 부류인지.
– 혜민 스님

나는 부모님에게 은혜를 갚으러 나온 자식이고 싶다. 태어날 때부터 큰 빚을 지었지만 그럼에도 어른이 될 때까지 너무 받고만 살아왔다. 이제 어른이 되어 직장인이 된 우리는 부모님께 은혜를 갚으며 살 수 있다. 사실 이 이유만으로도 직장은 그곳이 어디가 되었건 우리에게 참 고마운 존재다.

신입사원 때 알았더라면 좋았을 것들

세계적인 부자이자 마이크로소프트의 전 회장 빌게이츠가 마운틴 휘트니 고등학교를 방문해 학생들에게 강연을 했다. 그때 들려준 강연 중 일부가 '빌게이츠의 열 가지 조언'이란 제목으로 미국뿐 아니라 우리나라에서도 꽤 유명해졌다. 하지만 사실 이 조언은 미국의 교육자 찰스 사이크스Charles J. Sykes가 만든 것이라고 한다. 그가 학교에서는 가르쳐주지 않지만 반드시 알아야 할 것들을 목록으로 만든 것인데 그 내용은 다음과 같다.

1. 인생이란 원래 공평하지 못하다. 그런 현실에 대해 불평할 생각을 하지 말고 받아들여라.

2. 세상은 네 자신이 어떻게 생각하든 상관하지 않는다.

3. 대학교육을 받지 않은 상태에서 연봉이 4만 달러가 될 것이라고는 상상도 하지 말라.

4. 학교 선생님이 까다롭다고 생각되거든 사회 나와서 직장 상사의 진짜 까다로운 맛을 한번 느껴봐라.

5. 햄버거 가게에서 일하는 것을 수치스럽게 생각하지 마라. 너희 할아버지는 그 일을 기회라고 생각하였다.

6. 네 인생을 네가 망치고 있으면서 부모 탓을 하지 마라. 잘못한 것에서 교훈을 얻어라.

7. 학교는 승자나 패자를 뚜렷이 가리지 않을지 모른다. 일부는 낙

제제도를 아예 없앴다. 그러나 사회 현실은 다르다.

8. 인생은 학기처럼 구분되어 있지도 않고 방학도 없다. 스스로 알아서 하지 않으면 직장에서는 가르쳐주지 않는다.

9. TV는 현실이 아니다. 현실에서는 커피를 마셨으면 일을 시작하는 것이 옳다.

10. 공부밖에 할 줄 모르는 '바보'한테 잘 보여라. 사회 나온 다음에는 아마 그 '바보' 밑에서 일하게 될지 모른다.

이 열 가지 조언을 읽고 '내가 학교에 다니고 있었을 때 누군가가 가르쳐주었더라면 얼마나 좋았을까?'라는 아쉬움에 탄성이 절로 나왔다. 그리고 언젠가 기회가 된다면 '나도 알려주고 싶은 것이 있으면 목록을 만들어봐야겠다'라는 생각을 했다. 그리고 직장 7년차가 된 지금 비로소 그 기회를 이 책을 통해 얻게 되었다. 다음은 이제 막 사회에 발을 내딛게 된 취업준비생 혹은 사회 초년생들에게 알려주고 싶은 '신입사원 때 알았더라면 좋았을 것들'이다.

1. 꿈이 있는 사람들을 가까이 할 걸

학생 신분을 벗고 사회인이 되면서 당신의 인간관계는 마치 핸드폰을 잃어버렸을 때처럼 크게 한번 정리가 될 것이다. 직장인이 된다는 것은 아침 9시부터 저녁 6시까지 최소 9시간을 회사에서 머무르며 일을 해야 한다는 뜻이기 때문이다. 즉 당신이 앞으로 매우 바빠진다는 이야기다. 그래서 누군가와 약속을 잡고 이야기를 나누는 등의 행동에 매우 제약을 받게 된다. 그래서 한정된 자원을 효율적으로 배분하기 위해 이왕이면 꿈이 있는 사람들에게 당신이 가진 제한된 시간을 사용하라고 권하고 싶다.

꿈꾸는 사람과 함께 있으면 그의 꿈꾸는 능력에 전염될 수 있다. 반대로 당신이 꿈꾸는 사람일지라도 꿈하고는 거리가 먼 사람들 속에 있으면 그 능력을 잃어버릴 수 있다. 꿈꾸는 능력은 전염이 빠른 만큼 빠르게 없어지기도 하기 때문이다.

2. 겸손한 자세로 배울 걸

요즘 신입사원들은 참 똑똑하다. 신입사원 면접이 끝나면 면접관들이 공통적으로 하는 말이 있다.

"요즘 시대에 입사했더라면 우리는 지금 회사에 못 들어왔겠다."

이런 말을 하며 안도의 한숨을 내쉰다. 대학교 1학년 때부터 취업을 준비해서 지원자들의 스펙이 어마어마하기 때문이다. 그래서인지 요즘 신입사원들은 모르는 것을 잘 묻지도 않고, 알려줘도 잘 받아들이지 않는다. '이미 다 아는 거야'라고 생각해버리거나 본인이 회사 생활을 몇 년씩 더한 상사나 선배들보다 일을 잘한다 생각하기 때문이다. 이는 요즘 세대에서 흔히 볼 수 있는, 간단히 말해 내가 최고라는 '나르시시즘'의 현상과 무관하지 않다.

최근 유행하는 노래 가사만 봐도 확연히 알 수 있다. 대놓고 본인 입으로 '난 너무 예뻐요. 난 너무 매력 있어~'라고 말하는가 하면 다른 사람 다 제치고 '내가 제일 잘 나가~'라고 외쳐댄다. 하지만 이런 사람들이 모르는 것이 하나 있다. 바로 내가 최고라고 외치다 보면 누군가에게서 배울 수 있는 기회를 놓친다는 것이다. 사람은 누구나 자기가 모르는 것을 인정할 때 새로운 것을 배울 수 있다.

신입사원인 당신에게 회사의 모든 사람들은 당신보다 먼저 입사했고 경험이 풍부한 사람들이다. 적어도 1년 동안은 '나는 부족한 사람이다. 내가 여기에서 제일 모르는 사람이다'라는 마음가짐으로 주변 사람들로부터 배워보자.

3. 감사의 표현을 더 자주 더 많이 할 걸

세상에서 실천하기가 제일 쉽고 그 효과도 가장 뛰어난 말이 바로 '감사의 말'이 아닐까 한다. 과학적으로도 감사의 표현은 인간의 자율신경계의 작용을 높이는 것이 입증되었다. 《물은 답을 알고 있다》의 저자 에모토 마사루는 5년간의 연구 끝에 물 결정 사진을 얻었는데 그 결과는 정말 놀라웠다고 한다.

'사랑', '감사'라는 글을 보여준 물에서는 완전한 아름다운 육각형 결정이 나타났지만 '멍청한 놈', '바보', '짜증나!', '죽어버릴 거야!' 등과 같이 부정적인 말에는 마치 어린애가 학대를 당하는 듯한 형상이 나왔다. 즉 어떤 마음가짐으로 사느냐에 따라 우리 몸의 70퍼센트를 차지하고 있는 물의 형상이 좌지우지된다. 감사의 표현을 자주 하면 내 몸의 건강도 지켜낼 수 있을 뿐만 아니라 건강한 정신도 가질 수 있는 것이다.

4. 좀 더 긍정적이 될 걸

긍정적인 사람 주변에는 항상 사람들이 모여들게 된다. 그래서 힘이 들 때 포기하지 않도록, 부정의 시커먼 기운이 감돌면 그것에서 벗어날 수 있도록 도와준다. 사회 초년생들은 모든 환경이 낯설다. 학교에서도, 주변의 그 누구도 알려주지 않은 일들을 수행해야 하고, 꽤 잘 살아왔다 생각했는데 나를 다 보여주기도 전에 평가절하되기 일쑤다. 그래서 쉽게 좌절하고 쉽게 실패했다고 여긴다. 이럴 때 다시 나를 일으켜 세워주고 할 수 있다는 자신감을 불어넣어주는 것이 '긍정의 힘'이다.

긍정은 정말로 힘이 세다. 긍정적인 말을 자주 하면 내가 원하는 것을 이룰 수 있는 확률이 높아진다. 내가 그렇게 믿기 때문에 무의식적으로 그렇게 행동하게 되어 있다. 반대로 부정적인 말을 하면 나조차 안 될 거라고 믿기 때문에 성공할 확률이 낮아진다.

나를 믿어주자. 내 능력을 믿어주자. 그리고 불안한 내 자신에게 긍정의 말을 자주 해주자. 다른 사람에게 기대지 말고 스스로 자신을 그렇게 대해주자. 그러면 수많은 성공한 사람들이 그랬듯이 당신도 시련 속에서 희망을 보고 앞으로 꿋꿋이 나아갈 수 있을 것이다.

5. 더 많이 실패할 걸

사실 도전하지 않는 사람들은 실패의 위험도 없다. 즉 실패하지 않았다는 말은 한 번도 도전하지 않았다는 뜻도 된다. 농구의 황제, 마이클 조던에게 실패란 그가 성공할 수 있었던 이유와 동의어였다.

나는 농구를 시작한 이후로 9,000번 이상 슛을 놓쳤고 300번의 패배를 기록했다.

또한 나는 승패를 결정하는 슛을 놓친 경우도 스물여섯 번이나 된다.

나는 인생에서 수없이 반복해서 실패를 거듭했다.

나는 내 인생에서 실패하고, 실패하고 또 실패했다.

바로 그것이 내가 성공한 이유다.

실수가 어느 정도 용인되는 사회 초년생 시절에 최대한 많이 실패하라. 그리고 그 실패를 교훈 삼아 더 많이 도전하라. 실패는 더 이상 도전하지 않았을 때 진짜 실패가 된다. 실패는 계속 도전할 때 그 도전을 성공으로 이끌어주는 소중한 경험이 된다.

6. 내게 더 많은 기회를 줄 걸

요즘 젊은이들의 최고의 멘토로 꼽히는 안철수 국회의원은 '기회'에 대해 다음과 같이 말했다. 기회에 대해 이보다 더 좋은 설명은 없을 것이다.

"자신에게 줄 수 있는 가장 큰 선물은 기회를 주는 것이다. 회사 사장은 절대 하면 안 된다고 내 주위의 모든 이들이 그랬다. 그러나 시작했고 10년 동안 경영을 했다. 뒤돌아보니 나도 남들만큼 할 수 있다는 것을 그때야 비로소 발견한 것이었다. 만약 선입견에 사로잡혀 나에게 그런 기회를 안 줬다면 내게 경영자로서 능력이 있는 것도 모르고 그냥 죽었을 것 같다. 그나마 도전을 해보면서 내가 할 수 있는 분야에 대해서 알게 된 것이다. 어쩌면 청년 시절에 할 수 있는 가장 큰 선물은 스스로에게 기회를 주는 것이 아닐까? 그 과정을 통해서 자기가 어떤 사람이고 어떤 분야에 재능이 있고, 어떻게 사회에서 필요로 하는 사람이 될 수 있는지를 차츰차츰 알아가게 되는 것이다.”

자신에게 줄 수 있는 가장 큰 선물을 주자. 자기 자신에게 더 많은 기회를 주는 삶을 살자. 이 세상에 태어나 가장 값지게 사는 것은 자신의 잠재력을 최대한 이끌어내 최고의 모습으로 사는 것이다.

7. 월급을 더 잘 쓸 걸

월급의 10퍼센트는 반드시 자신을 위해 써야 한다. 자기 자신을 위해 쓴다는 의미는 옷이나 신발 혹은 평소 갖고 싶던 값비싼 물건을 사라는 뜻이 아니다. 자신의 성장을 위한 소비를 하라는 의미다. 신입사원의 월급은 성장하는 돈이라는 말이 있다. 쇼핑이 멈춰 있는 소비라면 자기계발을 위해 돈을 쓰는 것은 움직이는 그래서 성장하는 소비다.

당신의 월급이 100만 원이라면 그중 10만 원은 무조건 성장하는 소비를 해라. 업무 관련 공부에 투자하거나, 성공한 사람들의 성공 노하우가 담겨 있는 자기계발서를 산다거나, 유료 강연회에 참석하는 것이다.

우리는 옷을 사거나 모임에서 밥과 술을 사는 데 선뜻 10만 원이라는 돈을 쓴다. 하지만 책을 살 때면 단돈 몇 만 원이 아까워서 '도서관에서 대출해서 보지 뭐'라고 생각한다.

강연이나 세미나 역시 마찬가지다. 직장인들은 회사에서 지원되는 것을 제외하고는 자기 돈으로 무엇을 배우는 데 투자하지 않는다. 10만 원이라는 돈을 밥과 술 마시는 데 쓰면 그날로 끝이지만 10만 원짜리 유료 강연회에 가면 기꺼이 그 돈을 투자할 만큼의 깨인 사람들과 어울릴 수 있게 된다. 내가 개인적으로 참석한 가장 비싼 유료 강연은 2시간에 45만 원짜리였다. 나는 45만 원을 투자해 그 가치 이상의 강연을 들었고 몇 시간에 기꺼이 50만 원 가까운 돈을 투자하는 사람들과 어울리게 되었다.

자기 수입의 10퍼센트를 교회에 헌납하는 십일조처럼 자신의 성장을 위해 월급의 10퍼센트는 무조건 자기 자신을 성장시키는 돈으로 사용하자.

5장

회사가 찾는 인재,
인재가 찾는 회사

끊임없이 회사가 좋다고 말하라

새벽 4시가 가까워지고 있었다. 그 전날 아침 8시에 출근을 했으니 무려 20시간 동안 일을 한 셈이었다.

"선배님, 제가 죽거든 이마트 안 보이는 곳에 묻어주세요."

나는 이렇게 말하고 "윽~" 외마디 비명과 함께 풀썩 쓰러지는 시늉을 했다. 재롱둥이 신입사원 시절, 선배들은 그런 내 모습을 귀엽게 봐주었다.

당시 대형마트에는 매주 목요일마다 '행사'라는 것이 있었는데 그 기간 동안 특정 상품들을 할인 판매했다. 매장에서는 매주 행사 상품들의 진열 위치를 변경하고 가격고지도 다시 해야 했다.

단순히 걸어서 출근할 수 있다는 이유로 지원한 매장은 당시 100개가 훨씬 넘는 이마트 점포 중에서도 매출이 가장 높은 점포였다. 하루 매출만 해도 10억 가까이 되는 그곳은 매출이 1등인만큼 해야 할 일도 1등으로 많았다.

매장의 폐점 시간은 오전 12시였는데 최대한 고객의 쇼핑에 방해가 되지 않기 위해 그 시간 이후부터 행사준비를 했다. 그러다 보면 새벽 4시가 훌쩍 넘기 일쑤였다. 모든 일에 있어서 서툴던 신입사원 시절, 나는 월요일, 화요일 휴일에도 출근해서 일을 배웠다. 이런 무리한 생활이 계속되다 보니 어느 순간 나도 모르게 회사를 상징하는 노란색조차 싫어졌다. 물론 장난으로 한 말이었지만 우리 회사의 노란색 간판이 보이는 곳에 묻히면 편히 발 뻗고 못 누워 있을 것만 같았다. 왠지 죽어서도 벌떡 일어나 새벽 4시까지 행사 준비를 해야 할 것 같았기 때문이다.

게다가 '감정노동'에 가까운, 화난 고객을 설득하고 사과하는 일은 나를 더욱 힘들게 만들었다. 한 번은 단순변심으로 물건을 환불해달라던 고객에게 뺨을 맞을 뻔한 일도 있었다. 그는 덩치가 좋은 40대 아저씨였는데 매니저란 사람이 어린데다가 여자라는 이유로 대놓고 화를 내며 큼지막한 손을 들어 올렸다. 어린 시절 말 안 듣는다고 엄마한테 맞은 것 빼고는 누가 나를 때리려 손을 치켜든 것은 처음 있는 일이었다. 다행히 항상 매장에 서서 일해서 튼튼한 다리를 갖게 된 나는 재빠르게 매장 창고로 도망쳤고 심각한 상황을 피할 수 있었다. 청운의 꿈을 안고 입사했지만 아직 대학생 티를 벗지 못한 스물여섯의 나는 큰 충격을 받았고 그렇게 힘든 시기를 보냈다.

사람이 힘들면 마음이 허해진다고 하루는 태어나서 처음으로 역술원이라는 곳을 찾아갔다. 나는 유명하다는 역술인을 만나자마자 이렇게 물었다.

"선생님, 제가 이직할 수 있을까요?"

마지막 질문도 비슷했다.

"선생님, 정말 저 이직 못 해요?"

그 선생님이란 분은 '못 한다'고 못을 박았다.

하루는 6개월 이내의 미래를 잘 본다는 타로점도 보러 갔다. 역시나 나는 이렇게 물었다.

"제가 6개월 안에 이직할 수 있을까요?"

"카드를 열어보면 알 수 있죠. 고른 카드를 뒤집어보세요."

내가 고른 카드에는 시커먼 옷을 입은 사람들이 칼로 엑스를 그리고 있었다.

"카드가 말하길 못 한다고 하네요."

꽃다운 스물여섯 살 청춘이 궁금했던 것은 '연애'가 아닌 오직 '이직'이었다. 웬일인지 역술원에서도 타로점을 보는 곳에서도 나는 이직을 못 할 거라고 말했다.

그리고 나는 여전히 처음 입사한 이곳 이마트에서 일하고 있다. 하지만 지금은 그 시절과 전혀 다른 직장인이 되었다. 신입사원들을 대상으로 강의를 할 때면 나는 나 자신을 이렇게 소개한다.

"안녕하세요. 몸속에 노란색 피가 흐르는 이은영 대리입니다."

신입사원들이 영 안 믿는 눈치면 또 이렇게 덧붙인다.

"정말 제 몸속에는 빨간 피 대신 이마트의 노란색 피가 흘러요. 자,

바늘로 제 팔 찔러서 피 색깔 확인하실 분?"

몇 년 동안 같은 자기소개를 했지만 다행히 한 번도 내 팔을 찔러 보겠노라 손을 든 사람은 없었다. 그러면서 그들은 몸속에 노란 피가 흐른다는 여자를 바라보며 회사에 대한 자부심을 느끼고 있었다. 7년 전 내가 죽거든 노란색 간판이 안 보이는 곳에 묻어달라던 나를 생각 하면 엄청난 변화다.

나는 현재 이마트의 인사담당자로 일하고 있다. 신입사원 시절 2년 을 점포 현장에서 매니저로 근무한 후 본사 인력개발팀으로 발령이 났다. 그때 한 회사 선배로부터 내 직장생활을 바꿀만한 한마디를 듣 게 되었다.

"은영아, 어떤 회사의 수준을 알고 싶으면 뭘 보면 될 것 같니?"

"음, 수준이라…, 매출이나 재계 순위 같은 거 아닐까요?"

"아니, 그 회사의 인사담당자들 수준을 보면 알 수 있어. 신입사원 들이 처음 회사에 와서 만나게 되는 사람들이 바로 우리들이란다. 우 리가 회사의 얼굴인 거지. 그러니 네가 곧 회사의 수준이라고 생각하 고 열심히 노력해서 회사 수준 끌어 올려라."

나는 항상 선배의 그 말을 가슴에 품고 일했다. '내 수준이 곧 회사 의 수준이고, 나는 회사의 얼굴이다'라고 말이다. 이렇게 생각하고 또 항상 그렇게 말을 하고 다니니 어느새 내 몸속에는 정말 회사를 상징 하는 노란색 피가 흐르게 되었다.

신입사원들을 대상으로 교육 안내를 할 때나 강의할 기회가 생기면 나는 꼭 이런 말을 한다.

"회사라는 곳에서 일을 하다 보면 힘든 일은 반드시 생기게 되어 있습니다. 그렇더라도 어차피 그만둘 게 아니라면 이왕 즐겁게 일하세요. 우리가 직장인이 된 이상 잠자는 시간을 제외하면 대부분의 시간은 이곳에서 보내게 됩니다. 그런데 내가 하루 중 제일 많은 시간을 보내는 여기에서 불행하면 어떻게 될까요? 바로 내 삶 전체가 불행해집니다.

그렇게 불행하게 살 거면 뭐 하러 회사 다닙니까? 돈 때문에요? 그러면 돈 때문에 어차피 그만두지도 못할 거 이왕 행복하고 즐겁게 다닙시다. 즐겁게 다닐 것인가, 돈 때문에 죽지 못해 다닐 것인가는 내가 선택하기 나름입니다. 행복한 직장인의 삶을 선택하세요. 방법은 간단합니다. 그냥 내가 둘 중 행복한 쪽을 선택하기만 하면 됩니다."

나는 항상 이렇게 말하고 다녔고 어느새 정말 그런 사람이 되어가고 있었다. 나는 내가 말한 것처럼 '회사에서의 즐거운 삶'을 택했다. 그러다 보니 회사를 상징하는 노란색의 피가 몸속에 흐르게 되었다.

많은 직장인들은 퇴근 후 회사와 상사 험담을 안주 삼아 근처 호프집을 찾아간다. 나도 해봤지만 그 자리에서는 재미도 있고 스트레스도 풀리는 것 같다. 하지만 장담하건데 그 기분은 딱 그때뿐이다. 이런 몇 시간짜리 스트레스 해소법 말고 내가 실제 경험해서 효과를 본, 효능이 몇 년간 지속되는 스트레스 해소법이 있다.

바로 '끊임없이 회사가 좋다고 말해라'이다. 우리 뇌는 현실과 생각을 구분하지 못한다고 한다. 실제로 지금 당신의 눈앞에 알이 크고 노랗게 잘 익은 레몬이 있다고 상상해보자. 그 샛노란 껍질을 쫙쫙 벗겨서 드디어 드러난 속살을 크게 한 입 꽉 베어 물어보자. 생생하게 레몬을 상상하며 한 입 베어 물면 나도 모르게 입안에 침이 고이게 된다.

이 간단한 예에서도 알 수 있듯이 우리 뇌는 현실에는 관심이 없다. 현실과 생각을 구분하지 못하기 때문에 비록 지금은 그렇지 않더라도 끊임없이 '회사가 좋다'고 말하면 언젠가는 정말 회사가 좋아질 것이다. '내가 곧 우리 회사의 수준이고 얼굴이다'라는 생각이 너무 거창하다면 회사에 대한 작은 고마움에서부터 시작해보자. 회사가 좋은 이유를 떠올려보면 된다.

회사가 좋은 이유

■ 회사는 내게 월급을 주니 좋은 곳이다. 그 월급으로 맛있는 것도 사먹을 수 있고, 쇼핑도 할 수 있고, 부모님께 용돈을 드려 효도도 할 수 있다.

■ 회사는 돈 받으며 무엇인가를 배울 수 있는 곳이니 좋다. 취직하기 전까지는 항상 돈을 내며 무엇을 배우러 다녔는데 회사에서는 내 전문성을 높이는 일을 하면서도 오히려 한 달에 한 번씩 꼬박꼬박 돈을 준다.

■ 회사는 심지어 점심도 준다. 어딜 가더라도 공짜가 흔치 않은 팍팍한 세상에 시간되면 밥을 주니 이 얼마나 좋은가.

■ 회사는 무더운 여름에는 에어컨이 나오고, 추운 겨울에는 히터를

틀어줘서 좋다.

■ 회사에는 내 자리와 책상도 있고, 심지어 비싼 컴퓨터와 각종 사무용품까지 제공해주니 좋다.

생각해보면 이렇게 회사는 고마운 존재다. 이제 당신의 선택만이 남았다. 쥐꼬리만 한 월급에 점심도 맛없고, 여름에는 덥고 겨울에는 추운, 하필이면 내 모니터가 상사 눈에 훤히 보이는 제일 안 좋은 자리를 차지한 회사원이 될지, 아니면 '끊임없이 회사가 좋다'고 말하는 직장인이 될지 말이다.

어디까지나 어떤 선택을 할 것인지는 당신의 몫이다. 그리고 그 선택에 대한 책임을 지는 것 또한 철저히 당신의 몫이다. 부디 회사를 상징하는 색깔의 피가 흐르는 당신이 되길 바란다.

내 몸 속의 피는 여전히 노란색이며 해가 갈수록 더 진한 노랑으로 변하고 있다. 못 믿겠다면 나를 찾아와서 바늘로 찔러보기 바란다. 그런 용기를 발휘하는 사람에게는 회사를 사랑할 수밖에 없는 마법의 '노란 피'를 기꺼이 수혈해주겠다.

팀을 이끄는 미래의 자신을 상상하라

"그 사람의 직함과 지위가 아무리 당당한 것이라 하더라도 자기가 들이는 '노력'에만 초점을 맞추고 부하들에 대한 '권한'을 중시하는 사람은 한갓 다른 사람의 '부하'에 지나지 않는다. 그러나 '공헌'에 초점을 맞추고 결과에 대한 책임을 지는 사람은 그가 아무리 하급관리자라 하더라도, 진정한 의미의 '톱 매니지먼트top management'다. 그는 '조직 전체의 성과'에 대해 스스로 책임을 지고 있는 것이다."

 - 피터 드러커 지음,《피터 드러커의 자기경영 노트》

우리가 흔히 상사를 욕할 때 가장 많이 쓰는 말은 다음과 같다.

"우리 상사는 능력이 없어."

"우리 상사는 인간성이 나빠."

"우리 상사는 책임을 안 져."

이 세 가지 요건을 두루 갖춘 상사를 만나면 눈부신 햇살이 가득할 것만 같던 직장생활에 시커먼 먹구름이 드리우게 된다. 주룩주룩 비오는 날이 계속되다가 종종 천둥 번개도 치고 후덥지근한 날씨에 끈적끈적 습도까지 높아 불쾌지수는 최고조에 이른다. 그렇게 직장생활의 기나긴 장마철이 오는 것이다. 그래서 상사복, 후배복, 일복이라는 '직장인 3대 복福' 중 상사복은 그중에서도 제일로 꼽힌다. 회사 근처 호프집에서 직장인들의 단골 안주가 상사 험담인 데는 다 그럴만한 이유가 있는 것이다.

능력 없고, 인간성도 나쁜데다가, 책임까지 안 지려는 사람을 요약해 말하면? 나는 그를 '리더십이 없는 사람'이라고 생각한다. 나쁜 상사들의 예를 들으며 직장생활 내내 리더십에 대한 생각을 많이 했었다. 나중에 직급이 높아져 리더의 자리에 올라가면 꼭 리더십이 있는 좋은 상사가 되고 싶었다.

하지만 리더십에 대한 나만의 정의를 내리기가 쉽지 않았다. 그 답을 찾고자 꽤 많은 리더십 관련 책을 읽던 중 현대경영학의 아버지라 불리는 피터 드러커의 위의 말을 발견했을 때 "이거다!"라며 고함을 내질렀다. 드디어 내가 생각하는 리더십의 정의를 아래와 같이 명확히 내릴 수 있게 되었다.

"내가 하고 있는 노력이 아닌 조직의 성과에 큰 영향을 미치는 공헌에 초점을 맞추고, 그것에 책임을 지는 사람이야말로 진정한 리더다."

회사에서는 어느 정도 연차가 차면 리더의 자리에 앉게 된다. '자리가 사람을 만든다'라는 말이 있지만 종종 이 말에 예외는 있다. 실제 리더의 자리에 있지만 전혀 리더답지 못한 관리자들을 많이 봤기 때문이다. 그런 리더들은 구성원들의 근무 의욕을 떨어뜨리고 심지어 부하직원들의 주요 이직 사유가 되기도 한다.

실제 눈에서 레이저 빔을 쏘며 정말 열심히 일하겠다던 신입사원들이 퇴사를 결심하는 주요 이유 중 하나도 상사의 리더십 부재였다. 나또한 7년 가까이 조직의 구성원으로 몸담으면서 '내가 리더가 되면 절대 저러지 말아야지' 혹은 '저런 리더의 모습은 꼭 배우자'라는 생각이 들게 한 경험들이 많았다. 그동안 기록되지 않으면 기억에서도 사라진다는 것을 수없이 경험했기 때문에 나는 그런 생각들을 정리해놓기로 했다.

다음은 내가 신입사원 시절부터 장차 '리더의 자리에 오르면 하고 싶은 일들'에 대해 정리한 개인적인 기록 중 일부다.

첫째, 시간가는 줄 모르고 푹 빠질 수 있는 삶의 재미 같이 찾아보기.

둘째, '드림워커 되기'로 1박 2일 워크숍 떠나기.

셋째, 부서원들의 꿈을 주제로 개인 면담 시간 갖기.

넷째, 함께 독서하기.

다섯째, 리더 먼저 최고가 되기.

여섯째, 부서원들에게 손 편지 써주기.

일곱째, 커리어 맵 상담해주기.

여덟째, 한 번쯤은 무조건 편 들어주기.

당신은 내가 생각하는 리더가 되면 하고 싶은 일들에 대해 동의할 수도 혹은 그렇지 않을 수도 있다. 하지만 나는 당부하고 싶다. 앞으로 직장생활을 하면서 당신도 꼭 리더가 되면 하고 싶은 일들에 대해 정리를 하라고 말이다. 아직 직장이 없어도, 아직 리더와는 거리가 먼 말단 사원이라도 상관없다. 지금의 작은 메모들이 훗날 당신만의 값진 자산이 될 것이다.

우리 모두는 언젠가 리더의 자리에 오를 것이다. 남들보다 조금 빨리, 혹은 조금 천천히 될 수는 있어도 시간이 흘러 그 위치에 오르기 마련이다. 그때가 되었을 때 꾸준히 정리해놓은 '바람직한 리더의 상狀'은 당신을 멋진 리더로 만들어줄 것이다.

그렇게 되고 싶던 직장인이 되었으나 하필이면 능력 없고, 인간성도 나쁘고, 책임까지 안 지는 상사를 만났다며 억울해하지 말자. 우리도 그와 같은 상사가 될 수 있으니 말이다. 너무 마음에 안 드는 행동이 있다면 내가 리더가 돼서는 그런 모습만큼은 안 하면 된다. 원하는 리더의 모습이 있다면 내가 그 자리에 올라 꼭 그런 모습의 리더가 되면 되는 것이다.

좋은 리더란 그 자리에 올랐다고 해서 하루아침에 만들어지는 것이 아니다. 김치도 된장도 알맞게 익어 맛있는 상태가 되려면 숙성의 시간이 필요하다. 김치가 상하지 않고 맛있게 익으려면 젓갈이 들어가야 하고, 된장의 재료인 메주가 썩지 않고 잘 마르려면 이로운 곰팡이를 만드는 볏짚이 꼭 필요하다. '리더가 되면 하고 싶은 일' 리스트는 좋은 리더가 될 후보들이 썩지 않고 잘 발효되기 위한 좋은 효소의 역할을 할 것이다.

정리된 메모를 읽는다고 해서 갑자기 좋은 리더가 될 수는 없다. 다만 되고 싶은 리더의 모습을 정리하면서 당신은 자신도 모르는 사이에 그런 모습과 가까운 행동을 하게 될 것이다. 신입사원부터 시작했다면 당신은 누구보다 일찍 리더의 자격을 미리 연습하는 것이 된다. 그리고 어느덧 내가 그토록 원하던 리더의 모습을 하고 있는 자신을 발견할 수 있을 것이다.

　스스로 할 수 있다고 믿을 때 동기부여가 되고, 헌신하게 되고, 이 모든

것들이 성공에 직결된다.

　　　- 제리 린치(미국 스포츠 심리학자)

내 삶의 빅 픽처는 무엇인가

자기혁신 전문가 중 한 명인 전옥표 위닝경영연구소 대표는 그의
저서《빅 픽처를 그려라》에서 다음과 같이 말했다.

빅 픽처

1. '나는 왜 존재하는가?'에 대한 해답. 자신이 태어난 원래의 목적에
   맞게 세상을 사는 것.
2. '이 일의 본질이 무엇인가?'에 대한 해답. 진행 중인 프로젝트를
   실현하려는 분명한 이유.
3. 특정한 시기마다 도달해야 할 목표의 집합이 아니라 인생의 불규
   칙한 전환점들을 이어주는 전체 맥락. 개인 혹은 기업이 그린 궤
   적을 설명해주는 근원적인 이유.

사람은 누구나 가고자 하는 인생의 방향이 있다. 그 방향을 바라보
면서 지금 하는 일의 전체 그림을 그려 보는 일, 그것이 바로 빅 픽처다.
당신은 자신 있게 삶의 존재이유라 할 수 있는 빅 픽처가 있는가? 대
학을 갓 졸업한 신입사원 시절 나의 빅 픽처는 우리 회사 매장 중 한 곳
의 여성 점장이 되는 것이었다. 당시 내가 품었던 목표다. 당시에는 잘
몰랐었다. '무엇이 되고 싶다'는 것은 목표일 뿐 빅 픽처는 아니었다. 그
리고 몇 년 후 나는 나만의 빅 픽처를 스스로 정의내릴 수 있었다.

"나는 세상에 좋은 영향력을 끼치는 대한민국 대표 여성리더로, 내 책을 읽거나 강의를 들은 사람들이 더 나은 삶을 살도록 돕는 동기부여 메신저다."

이 한 문장이 바로 내 삶의 존재이유다.

나는 지금도 이 문장을 읽으면 가슴이 두근거린다. 하지만 많은 직장인들에게 자신을 나타내는 말은 회사에서의 직급과 직책이 전부다. ○○회사의 부장, 과장, 대리 등이 내가 누구인지를 설명해준다. 그런 식으로 한다면 나 또한 대기업 인사부서에서 일하는 '이은영 대리'일 뿐이다. 승진에 성공한다면 내후년에 과장이고 그렇게 또 몇 년 후 부장이 될 사람이다. 이런 식의 표현으로는 그 어떤 두근거림도 기대할 수가 없다. 그러나 안타깝게도 대부분의 직장인들은 두근거림 없이 세상이 이름지어준 대로 자신의 존재가치를 방치해버린다.

나는 회사에서 신입사원들과 임직원들에게 종종 강의를 한다. 간단한 회사 소개 강의부터 긍정적인 마음가짐, 서비스 마인드, 직장생활 기본기, 사내강사 스킬, 회사 핵심가치에 이르기까지 강의의 종류는 매우 다양하다. 하지만 나는 사내에서 가끔 강의를 하고 월급을 받는 그냥 '이은영 대리'이고 싶지 않다.

회사 소개 및 핵심가치에 대한 강의를 듣는 사람들이 과거보다 더 회사를 사랑하기를 바란다. 그리고 그들 개인의 비전을 발전시켜 회사의 비전과 일정 부분 일치시키기를 권유한다. 우수한 개인이 많은 회사는 치열한 경쟁 속에서 지속경영이 가능한 경쟁력을 갖춘 회사가 될 수 있다. 비록 몇 시간 안 되는 짧은 강의지만 나는 회사뿐 아니라 임직원들에게 좋은 영향을 미치고 싶다는 마음으로 강의를 준비한다.

이런 마음가짐으로 일하기 때문에 나는 이미 세상에 좋은 영향력을 끼치는 대한민국 대표 여성리더이자, 사람들이 더 나은 삶을 살도록 돕는 동기부여 메신저의 역할을 하고 있는 것이다.

많은 취업준비생들이 취직 앞에 불나방처럼 회사에 달려든다. 그리고 곧 타 죽는 불나방처럼 시름시름 앓으며 하루하루 생기를 잃고 좀비 같은 표정으로 출근하다가 결국 퇴사를 결심한다. 하지만 퇴사를 했다고 해서 다시 생기를 되찾고 행복해지는 것도 아니다. 그래서 나는 행복한 직장인이 되는 비결로 '빅 픽처를 그려라!'라고 말하고 싶다.

신입사원 시절 매장에서 영업 매니저로 일할 당시 나는 내가 맡은 파트의 아르바이트생과 진열과 창고 정리를 담당하는 여사님들과 아침마다 특별한 시간을 가졌다. 대형마트 매장의 일은 참으로 고되다. 무엇보다 육체노동이 많기 때문에 몸이 힘들고, 고객을 직접 대면해야 하기 때문에 정신적으로도 힘들 때가 있다. 그러다 보면 자존감이 낮아지고 부정적인 기운이 온 몸을 감싸기 마련이다.

이렇게 되면 회사 영업에도 좋지 않지만 한 개인에게도 회사는 단순히 돈을 벌기 위한 지긋지긋한 곳이 되어버린다. 그래서 나는 매장 오픈 시간 전 우리만의 특별한 아침 시간을 가졌다. 당시 나는 문구와 서적 담당 매니저였는데 매일 아침 우리들은 긍정적인 문구들이 적혀 있는 종이를 다 함께 크게 읽으며 하루 일과를 시작했다.

"나는 웃는 얼굴이 참 예쁘다. 나는 우리 매장 최고 얼짱 미녀다."

"나는 나를 사랑한다. 나는 내가 참 좋다."

"오늘 나는 너무 행복하다. 파이팅 야야야."

누가 보면 유치하다고 했을법한 내용들이었다. 나는 이런 문구들을 적은 종이를 프린트해서 정성스럽게 코팅까지 한 후 매장 안쪽 창고 구석구석에 붙여놓았다. 그리고 아침마다 이 문구들을 다 같이 소리 내서 읽었다. 나는 당시에도 세상에 좋은 영향력을 끼치는 여성리더 역할을 충실히 하고 있었던 것이다.

내가 이 이야기를 하는 이유는 당신이 무슨 일을 하고 있든지, 어느 자리에 있든지 충분히 자신의 빅 픽처대로 살아갈 수 있다는 것을 알려주고 싶어서다. 대형마트 매장의 영업매니저로 근무할 당시에도, 그리고 본사 인사담당자로 일하는 지금도 나는 내 빅 픽처에 따라 사람들이 더 나은 삶을 살 수 있도록 동기부여하는 삶을 살고 있다.

자기 자신을 어떻게 정의하는지는 빅 픽처 존재 유무에 달려 있다. 입사만 시켜주신다면 최선을 다하겠노라 다짐한 약속은 얼마 지나지 않아 시간 앞에 색이 바랜다. 내 주변에도 하루하루 지쳐가는 기색이 역력한 동료들과 신입사원들이 많이 있다. 내가 어떤 회사에 다니고, 누구의 밑에 있고, 또 어떤 일을 하는지는 중요하지 않다. 중요한 것은 내가 '나만의 빅 픽처를 가진 회사원인가?'다.

이제 잠시 읽던 책을 내려놓고 가만히 자기 내면의 목소리에 귀 기울여보자. 인생의 가치를 담은 방향은 어디인가? 당신의 빅 픽처는 무엇인가? 당장은 몰라도 좋다. 너무 성급히 결정을 내리려고 하면 내 빅 픽처가 아닌 남이 만든 그럴듯한 빅 픽처를 내 것인 양 착각할 수 있기 때문이다. 우리 모두의 삶에는 분명히 이유가 있다.

내게 사람들은 종종 이런 질문을 한다.

"도대체 그 열정은 어디에서 나오는 거냐?"

"열정적으로 살 수 있는 비결이 뭐냐?"

사실 나도 잘 몰랐었다. 지금 와서 생각해보니 내 열정의 근원은 흐릿하게나마 설정된 내 인생의 방향성, 즉 나만의 빅 픽처가 있었기 때문이다. 나는 막연히 사람들에게 꿈과 희망을 심어주는 '동기부여가'가 되고 싶다는 생각을 하곤 했었다. 그래서 시간이 날 때마다 책을 읽었고, 도움이 될 만한 자료들을 모았다. 그리고 어느 시점에 그것들을 현재 내가 하는 일에 접목할 수 있게 되었다.

그래서 지금 나는 '직장인'인 동시에 사람들에게 좋은 영향력을 미치고 그들이 더 나은 삶을 살도록 돕는 '동기부여가'다. 이 책을 쓰게 된 계기도 같은 맥락이다. 세상에 좋은 영향력을 끼치고 싶다는 삶의 방향성을 실현할 수 있는 하나의 방법이었다.

"취업 앞에 흔들리는 사람들을 위한 책을 쓰자."

현직 인사담당자가 느끼는 날 것 그대로의 이야기를 전해주고 싶었다. 그리고 대학입학이 끝이 아니었던 것처럼 취업이 끝이 아니라는 말도 꼭 전해주고 싶었다.

나는 우리 회사가 좋다. 차를 타고 지나다가 성수동에 위치한 본사 건물이 보이거나, 우리 회사 온라인몰 혹은 물류차가 지나가거나, 전국에 위치한 매장의 노란색 간판들을 볼 때면 그냥 좋다. 마냥 좋다. 다른 사람들에 비해 회사를 사랑하며 만족한 직장생활을 하고 있는 현재의 내가 세상에 좋은 영향력을 미칠 수 있는 방법이 바로 이 책이다.

앞으로 직장인이 될, 혹은 지금 직장인인 여러분! 반드시 자신이 가고자 하는 인생의 방향성을 그리고, 그것을 자신이 하는 업무와 접목해보자. 그러면 자기소개서에 썼던 그 내용처럼, 면접 때 말했던 그 답변처럼 누구보다 열정적이고 자신감 넘치며 본인의 일을 사랑하는 회사원이 될 수 있을 것이다.

직장인,
갖고 싶은 물건은 과감히 탐하라

남편은 8년차 직장인이다. 그의 취미 생활은 온오프라인을 넘나드는 자동차 구경이다. 과도한 회사 업무와 야근으로 목 디스크에 걸린 사람이지만 차를 볼 때만큼은 통증도 느끼지 않는 듯하다. 그런 남편을 보며 한 가지 궁금증이 생겼다.

"남자들은 도대체 왜 그렇게 자동차를 좋아하는 걸까?"

그 이유를 찾다 보니 350만 년 전이나 거슬러 올라가게 된다. 인류가 최초로 나타난 시절부터 남자들은 사냥을 위해서 그리고 야생에서 만나게 되는 맹수들을 피해 빨리 뛰어야만 했다. 즉 자동차는 아주 오래전부터 남자들의 생존 본능과 연결된 물건이다. 또한 시간이 흘러 남자들이 말이나 마차 등의 이동수단을 갖게 되면서 그것들은 자연스럽게 부와 권력의 상징이 되었다.

생존 본능에 더해 과시 본능이 투영된 이 자동차라는 물건. 남편의 자동차 사랑을 '그의 의지'가 아닌 거부할 수 없는 '남자의 본능'이라 생각하니 내 마음도 어느 정도 누그러졌다. 그래서 이제 잔소리를 하는 대신 같이 자동차 매장에 가고, 카탈로그도 챙겨주고, 자동차 동호회의 글들도 함께 읽는다. 한마디로 그의 본능까지 사랑해주는 착한(?) 아내가 되었다.

얼마 전 남편은 수개월째 지치지도 않고 차를 알아보고 있었다. 타는 차가 고장 난 것은 아니었지만 본능에 충실하게 '바꿔 줄 때'가 되었기 때문이다. 그는 그랜저를 사리라 마음먹고 있던 중에 아래의 글을 발견했고 내게도 보여주었다.

"안녕하세요. 올해 28살 되는 직장인입니다. 일단 연봉은 그리 높지는 않습니다. 3,000정도이고요. 아직 대출은 받아본 적이 없기 때문에 신용에 있어서 등급이 높지는 않더라도 크게 문제는 없을 것 같습니다. (중략)

그랜저를 신차로 구입할 건데 장기할부로 한 4~5년 정도 생각하고 있어요. 아무래도 기간이 긴 장기할부가 금리 면에서 더 좋을 거라고 판단해서요."

사람들의 반응은 대체로 아주 부정적이었는데 네티즌이 채택하고 남편이 골라준 이 글에 대한 인상적인 댓글은 다음과 같았다.

"직접적으로 이야기하면 경제적 개념이 없으시네요!"
차값 : 3,500만 원
할부 시 할부이자 : 300만 원 정도(할부기간 분할납)
취/등/기타 세금 : 300만 원 정도
보험료 : 150만 원

초기투입비용 : 4,250만 원(36개월 할부 시 : 월 120만 원 분할납)
자동차 유지비 1년 : 960만 원

==========세부내역============

• 자동차세 : 100만 원

• 보험료 : 150만 원

• 유류비(월) : 30만 원 × 12(개월) = 360만 원

• 일상차량관리비(1년) : 100만 원

- 주차비 : 10만 원

- 오일교환 : 5만 원

- 세차 : 5만 원

- 소모품 : 10만 원

- 점검수리비 : 10만 원

- 타이어 : 20만 원

- 기타 : 40만 원

• 감가상각비 : 200만 원

================================

5년 유지 시 : 960 × 5년 = 4,800만 원

"즉 그랜저 구입 및 유지에 5년간 자동차에만 약 9,000만 원의 비용이 소요되며, 님 연봉 3년 치를 고스란히 차에 투자하는 겁니다."

(출처 : Daum 지식)

아무리 본능에 기인한 새 차 구입 결정이었지만 이 분석적이고 논리적인 댓글에 남편은 전의를 상실했다. 합리적으로 타는 데 아무 문제가 없는 지금의 차를 굳이 바꿀 이유가 없었기 때문이다. 하지만 나는

남편에게 아래와 같이 말하며 당장 돌아오는 주말에 그 차를 계약하자고 단호히 말했다.

"남편, 저 댓글에서는 이 두 가지를 계산하지 않았어. 첫 번째, 그 차를 몰게 됨으로써 느낄 수 있는 기분의 가치. 두 번째, 원하던 것을 손에 넣는 기쁨이 끌어당기는 성공의 가치."

나는 면허는 있지만 아직 차 빼기와 주차가 서툴다. 이렇다 보니 차에 관심이 있을 리가 없다. 하지만 무리를 해서라도 나는 타지도 않을 신차 구입에 전폭적인 지원을 아끼지 않는 이유가 있다. 바로 필요성이나 합리성으로는 설명이 안 되는 '기분의 가치'와 '성공 가능성의 가치' 때문이다. 결국 나는 그랜저도 고민하는 남편을 BMW 매장으로 데려갔다.

75세의 나이에 여러 대의 슈퍼카를 타고 다니며 100권이 넘는 책을 출판하고 강연가로도 활약하는 일본 대부호 사토 도미오는 그의 저서 《지금 당장 롤렉스 시계를 사라》에서 이렇게 말했다.

"근원적인 욕구야말로 삶을 향상시키는 힘이다. 욕망이 있고 꿈이 있으면 그에 걸맞은 사람이 되어 결국 돈을 손에 넣게 된다. 이는 부자가 되고 싶은 사람이 알아두어야 할 가장 중요한 비밀이다."

그는 젊은 시절 몇 개월분의 월급을 통째로 투자해 너무나 갖고 싶은 롤렉스 시계를 샀다. 물론 시계를 산 후 꽤 오랫동안 싸구려 음식으로 끼니를 때워야 했지만 미래에 자신이 롤렉스 시계에 어울리는 사람이 될 것을 전혀 의심하지 않았다고 한다. 그가 롤렉스 시계를 통해 얻은 것은 단순히 시계라는 물건이 아니라 '원하는 것은 반드시 이루어진다'라는 증명서라고 회고했다. 그는 가지고 싶은 것을 과감하게 탐하라고 조언한다. '나한테는 너무 과한 물건이다'라는 생각으로 갖고 싶은 것을 포기했다면 지금의 자신은 없었을 거라고 말한다.

나는 그의 말에 전적으로 동의한다. 대학시절부터 갖고 싶었던 차를 몰며 남편이 하게 될 '감동 체험'은 1년 치 연봉 값을 톡톡히 할 것이라고 생각한다. 나는 지금 이 글을 읽는 당신이 직장인이 된다면, 그래서 월급을 받게 된다면 꼭 갖고 싶은 물건은 한 번쯤 아니 여러 번 과감하게 탐해볼 것을 권한다. 그 물건을 갖게 되었을 때의 감동 체험이 앞으로의 행복한 직장생활과 성공을 이끌어줄 거라 믿기 때문이다.

인간의 뇌에는 '자동목적 달성 장치'라는 것이 있다. 그래서 무엇을 원하는 간절함의 정도가 생명에 영향을 미칠 만큼 강력하다고 인식되면 무의식적으로 그것을 계속 추구하게끔 설정이 된다고 한다. 즉 내가 탐한 그 과한 물건을 통해 얻게 되는 기쁨은 나를 그 물건을 사용해도 될 만큼의 사람으로 성장하게 하는 것이다. 우리 뇌는 내가 인식하지 못해도 그렇게 되도록 끊임없이 작동하고 있다.

그 물건이 반드시 몇천만 원짜리 롤렉스 시계나 자동차일 필요는 없다. 나에게는 자동차 가격의 10분의 1도 되지 않는 맥북 에어가 그런 존재다. 나는 이 물건을 갖기 위해 한 달 치 월급을 투자했다. 신기하게도 이것을 소유했다는 이유만으로 스티브 잡스의 기氣라도 받은 것처럼 창의적인 사람이 된 것 같은 기분이 들었다. 그리고 새로 장만한 이 노트북으로 더 다양한 교육 자료들을 만들 수 있었다.

물론 당신은 이런 기사를 내게 보여줄지도 모르겠다.

"국회 국토해양위원회에 따르면 서울시내 아파트 시세와 도시근로자 평균임금 분석결과 도시근로자가 109m^2형 서울아파트를 사려면 37년 동안 저축해야 하는 것으로 나타났다."

하지만 위에서 말했듯이 논리적이거나 합리적으로는 사지 말아야 할 그 물건을 손에 넣었을 때의 기쁨은 보다 즐겁게 일할 수 있는 강력한 원동력이 된다.

행복한 직장인이 되고 싶다면 과감히 갖고 싶은 물건을 탐하자. 그리고 그 물건에 어울리는 사람이 되면 된다.

무엇을 할 때 가장 즐거운가

평소 즐겨보는 MBC 〈나 혼자 산다〉에 특별 게스트로 개그맨 김제동이 출연했다. 그는 평소 스님들과도 좋은 친분을 쌓고 있어 '보살'이라는 별명을 가진 사람이기도 하다. 하루는 계속되는 바쁜 스케줄 때문에 스님과의 약속을 여러 차례 미룬 김제동에게 스님이 지나가는 말로 이렇게 말했다고 한다.

"자기 삶에서 2~3일도 스스로 못 빼면 어디 그게 자기 삶이라 할 수 있는가?"

예비 직장인들과 현재 직장인 모두 한 번쯤 생각해볼 만한 일화다. 취업을 준비하는 입장에서야 합격만 시켜준다면 주말까지 반납하고 헌신할 각오가 되어 있는지도 모르겠다. 하지만 일과 개인 삶의 균형이 깨진 사람은 주말에 나와서 죽어라 일해도 결국 좋은 평가를 받지 못하게 된다. 완전히 탈진되어 지친 기색이 역력하기 때문이다. 행복한 직장인이 되기 위해서는 '회사를 위한 삶'이 아닌 '회사에 다니는 내 삶'을 살아야 한다.

다음은 앤손 드 멜로 신부의 저서 《개구리의 기도》에서 발췌한 글이다.

한 여자가 중병에 걸려 이 세상과 저 세상을 방황하고 있었다.

“너는 누구냐?”

“저는 쿠퍼 부인입니다. 이 도시 시장의 안 사람이지요.”

“네 남편이 누구냐고 묻지 않았다. 너는 누구냐?”

“저는 제니와 피터의 엄마입니다.”

목소리는 대답에 만족하지 못하고 계속 물었다.

“네가 누구의 엄마냐고 묻지 않았다. 너는 누구냐?”

“저는 선생입니다. 초등학교 학생들을 가르칩니다.”

“너의 직업이 무어냐고 묻지 않았다. 너는 누구냐?”

“저는 매일 교회에 다녔고, 남편을 잘 보조했고, 열심히 학생들을 가르쳤습니다.”

“나는 네가 무엇을 했는지 묻지 않았다. 나는 네가 누구인지를 물었다.”

결국 여자는 다시 이 세상으로 보내졌다. 그리고 병이 나은 다음 그녀의 삶은 많이 달라졌다.

이 글을 읽고 잠시 책 읽기를 멈추었다. 내가 누구인지를 어떻게 대답할 수 있을까? 나는 생각하고 또 생각했다.

“나 이은영은 세상에 좋은 영향력을 끼치는 대한민국 대표 여성리더로, 내 책을 읽거나 강의를 들은 사람들이 더 나은 삶을 살도록 돕는 동기부여 메신저다.”

이 대답은 내 삶의 방향성이기도 한 나의 ‘빅 픽처’다. 즉 내 빅 픽처가 곧 내가 누구인지를 나타내주는 말인 것이다. 그리고 나는 여기에

한 가지 문장을 더 보태고 싶어졌다.

"나는 글 쓰는 일이 너무 재미있어 하루 열두 시간씩 책상에 앉아 있어도 마냥 신나고, 힘들거나 우울한 기분이 들 때면 스타벅스 카페 라떼 한 잔에 바로 기분이 풀리는 사람이다."

이 대답처럼 내가 누구인지를 잘 알기 위한 방법은 다음과 같다. 내 삶의 근원적 존재이유인 자신의 빅 픽처가 분명하고, 거기에 덧붙여 내가 정말 재미있어 하는 것, 그리고 나만의 힐링 아이템을 정확히 알면 된다. 빅 픽처는 앞에서 얘기했고, 나만의 힐링 아이템은 다음 장에서 자세히 다룰 것이기 때문에 여기서는 '재미'에 대해서만 이야기하도록 하겠다.

개그맨보다 웃긴 교수로 대중에게 널리 알려진 김정운 여러 가지문제 연구소 소장은 명지대 여가정보학과 교수였는데 그러다 보니 사람들로부터 이런 질문을 많이 받았다고 한다.

"어디 가면 재미있어요?"

그럼 그는 되물었다.

"무엇을 재미있어 하세요?"

그는 이렇게 말한다.

"도대체 자신이 무엇을 하면 재미있어 하는지 알아야 어딜 가면 재미있는지 알려줄 것 아닌가?"

너무 당연한 이야기 같지만 사실 현실에서는 그렇지 못하다. 많은 대한민국 사람들이 자신들이 정말 재미있어 하는 것을 알지 못한다. 그래서 그들은 영화나 TV 드라마에 열광한다. 자기가 재미있어 하는 걸 모르는 사람들에게 영화나 드라마만큼 쉽고 빠르게 재미를 줄 수 있는 아이템이 없기 때문이다.

그러나 아무리 눈 씻고 찾아봐도 그곳에서 느끼는 재미에는 내가 없다. 게다가 영화는 길어야 3시간, 드라마는 IP TV로 계속 연이어 보지 않는 이상 딱 1시간짜리 재미일 뿐이다. 많은 사람들이 자기가 재미를 느끼는 취미생활을 묻는 질문에 '영화 감상', 'TV 보기' 혹은 조금 더 진화된 버전으로 '독서'라고 이야기하는데 이것이 진짜 내 재미인지 생각해볼 필요가 있다.

생각해보면 우리는 커갈수록 '재미'를 추구하지 못하도록 길들여졌는지도 모르겠다. 학생 때는 치열한 입시 경쟁 속에서, 대학에 와서는 입시 만만치 않은 살벌한 취업 경쟁 속에서, 그리고 직장인이 돼서는 냉혹한 비즈니스 경쟁에서 살아남아야 했기 때문이다. 놀면 불안해지는 병에 자연스럽게 걸린 것 같다. 한편에서는 불안한 마음을 누르며 놀기 때문에 심장이 벌렁거릴 정도의 자극적인 재미를 추구하기도 한다.

역치는 일반적으로 어떤 작용요인이 생체에서 반응을 일으킬 수 있는 최소 한계다. 그래서 재미의 역치가 너무 세면 문제가 생긴다. 자극적이고 일탈적인 재미를 찾기 때문이다. 하지만 자신만의 진짜 재미가 무엇인지 찾는다면 재미가 자극적이고 심장을 벌렁거릴 만큼의 스펙터클한 것이 아니라는 걸 알 수 있게 된다.

정말 재미있는 것은 소소하다. 그래야 바쁜 일상생활에서도 틈틈이 짬을 내 할 수 있다. 소소한 작은 재미이기 때문에 내일이면 아침 일찍 출근해야 하는 내 삶을 흔들지도 않는다. 그리고 한국인으로서 자신도 모르게 걸린 '놀면 불안해지는 병'에서도 일정 부분 벗어날 수 있다.

내게 이 깨알 같은 재미는 바로 글쓰기다. 얼마 전 안방 침대의 위치를 바꾸고 남는 공간을 활용해 나만의 서재를 만들었다. 평소 책을 여러 권씩 펼쳐놓고 읽기를 좋아하는 나는 작은 책상 대신 큼지막한 대리석 식탁을 침대 옆에 갖다 놓았다.

식탁이다 보니 좀처럼 책상에서는 찾아볼 수 없는 화이트 크리스털 컬러에 펄 장식의 꽃무늬도 새겨져 있는 멋들어진 책상이다. 여기에서 책을 읽고, 또 한 달 치 월급을 통째로 투자해 산 맥북 에어 자판을 한 글자 한 글자 꾹꾹 눌러 글을 쓰고 있노라면 사는 게 얼마나 재미있는지 모른다.

"글 쓰는 게 뭐 재미있는 축에라도 끼나?"

당신이 혹시 이런 생각을 했다면 당신은 지극히 정상이다. 왜냐하면 당신은 내가 아니기 때문이다. 우리 모두는 다 다르다.

그러니까 다른 사람의 재미 말고 진짜 내 재미를 찾아보자. 회사도, 상사를 포함한 그곳의 사람들도, 심지어 내 가족들까지 나를 둘러싼 모든 것으로 인해 지치고 힘들 때 당신이 찾은 당신만의 재미는 그 진짜 힘을 발휘할 것이다.

행복한 직장인이 되기 위해서는 반드시 나만의 재미가 필요하다. 회사의 상사, 동료, 후배. 모두 날 지치게 만들 확률이 높은 사람들이다. 가끔은 몇 십 년을 함께 산 가족들도 날 괴롭히는데, 서로 다른 환경에서 또 월급을 받는 회사라는 곳에서 일을 하며 만난 사람들은 오죽하랴.

아직까지 당신만의 소소한 재미를 찾지 못했다면 지금부터라도 영화나 드라마 말고 신선한 환경에 자신을 노출시켜보자. 그렇게 여태까지 안 해본 걸 하다 보면 '이거다!' 싶은 느낌이 올 것이다.

팍팍한 사회생활을 위로하는 힐링 아이템

나만의 재미를 찾았다면 이제 나만의 힐링 아이템이 필요하다. 사실 스트레스 안 받는 직장인이 있다고 하면 그는 거짓말쟁이거나, 사기꾼이거나, 아니면 득도를 한 사람일 것이다. 스트레스를 받지 않는다는 것은 불가능하다.

우리는 살면서 항상 스트레스를 받아왔다. 특히 당신은 취업을 준비하면서 극도의 스트레스를 맛보았을 것이다. 하지만 직장생활을 하며 받는 스트레스의 강도는 그것보다 심하면 심했지 절대로 약하지 않다. 이럴 때 필요한 것이 바로 자신만의 '힐링 아이템'이다. 이것은 '0.5초 안에 위로를 받을 수 있는 것'이면 된다. 그래서 되도록 빨리 구할 수 있고 또 비싸지 않은 것이 좋다.

내게는 전국 어디서나 구할 수 있고 또 가격도 몇 천 원짜리인 힐링 아이템이 있다. 그리고 몇몇 곳에서는 24시간 내내 구할 수가 있다. 그것은 바로 '카페라떼'다. 아무리 비싸도 단돈 5,000원이면 전국 어느 커피 전문점에서나 빠르게 구할 수 있으니 이보다 더 간편하고 저렴한 힐링 아이템이 없다.

회식 다음날 아침, 전날 과음한 과장님이 이렇게 말한다.

"은영 대리, 내 몸속의 반은 알코올이다."

"과장님. 아직도 술 냄새나요. 해장커피 마시러 가시죠! 제 몸속의 반은 커피예요."

당신이 직장에 들어와보면 알겠지만 남자 직장인들은 술을 참 많이 또 자주 마신다. 요즘에야 많이 달라졌다고 하지만 그래도 술을 거의 못하는 내 입장에서는 여전히 그래 보인다. 나는 소위 말하는 술 마시고 싶은 기분일 때 카페라떼를 마신다. 속상할 때, 위로가 필요할 때, 화가 치밀어오를 때, 억울할 때, 자축하고 싶을 때, 좋아하는 사람을 만날 때, 그리고 몹시 지치고 피곤할 때는 어김없이 찾는다. 그러면 나도 모르게 위로가 되고 새로운 에너지가 생겨난다.

소주를 마실 때처럼 "캬~"하고 내뱉는 통쾌함은 없다. 하지만 추운 겨울에는 넘칠 듯 가득 담긴 우유 거품을 호호 불어가며 먹는 재미가, 여름에는 사각사각 소리를 내는 얼음 사이로 한 모금 가득 빨리는 아이스라떼 먹는 재미가 나는 너무나 좋다. 상사도 야속하고, 동료도 밉고, 후배란 녀석은 아주 때려주고 싶을 때 카페라떼는 내게 "괜찮다, 다 괜찮다"라며 위로를 해주는 존재다.

'아니 무슨 카페라떼가 사람도 아니고 위로를 한데?'라는 생각이 든다면 당신은 아직 진정한 자신만의 힐링 아이템을 못 가져본 사람일 가능성이 높다. 커피 한 잔 값이 밥 한 끼 값이라며 나를 된장녀 취급할 수도 있겠다. 하지만 단 돈 몇 천 원으로 사람들도 제대로 못 해주는 위로를 받을 수 있으니 비싸다고 할 수도 없다. 여기 나처럼 커피를 사랑한 몇 명의 사람들을 소개한다.

"나는 아침상에 더할 수 없는 벗을 한 번도 빠뜨린 적이 없다. 커피를 빼놓고는 그 어떤 것도 좋을 수가 없다. 한 잔의 커피를 만드는 나의 원두는 60여 가지의 좋은 아이디어를 가르쳐준다."

  - 베토벤

"아, 커피의 기막힌 맛이여! 그건 천 번의 키스보다 멋지고 마스카트의 술보다 달콤하다. 혼례식은 못 올릴망정, 바깥출입은 못 할망정, 커피만은 끊을 수 없다."

  - 바하

"커피를 마실 때가 정말 좋다. 생각할 시간을 주기 때문이다. 그것은 음료 이상이다."

  - 거트루드 스타인(미국 소설가)

"내게 정신을 차리게 만드는 것은 진한 커피, 아주 진한 커피다. 커피는 내게 온기를 주고, 특이한 힘과 쾌락과 그리고 쾌락이 동반된 고통을 불러일으킨다."

  - 나폴레옹

"만약 내가 여자라면 나는 커피를 향수로 뿌리고 다닐 것이다."

  - 존 반드루텐(미국 극작가)

"까다로운 입술로 그 검은 액체를 맛보자. 소화기관은 기쁨에 들떠 자기 차례를 기다린다."

- 교황 레오 12세

자신만의 힐링 아이템을 갖는 것은 굉장히 중요하다. 특히 직장인들에게는 더더욱 그렇다. 사실 행복한 직장인이라면 누구나 자신만의 힐링 아이템을 갖고 있다. 앞서 말했듯이 직장생활을 하면서 스트레스를 안 받을 수는 없다. 그래서 행복한 직장인들은 스트레스를 받고 안 받고가 아닌 이미 받은 스트레스를 어떻게 해소할지에 초점을 맞춘다.

이미 받은 스트레스 해소에 특효약은 '나는 이것으로 인해 기분이 좋아져'라는 자신만의 힐링 아이템을 갖는 것이다. 그 물건으로 인해 당신은 스트레스 상황에서 금방 벗어날 수 있을 뿐만 아니라 행복한 직장인으로 거듭날 수도 있다.

상사에서 꾸중을 들었다고 가정해보자(회사원이 되면 아주 흔하게 발생하는 일이다). 혼난 이유는 내가 작성한 보고서가 상사의 마음에 들지 않았기 때문이다(이 또한 아주 흔하게 발생되는 일이다). 그렇다고 사표 내고 그만둘 것인가(이런 상황은 극히 드물다). 그렇게 못 하기 때문에 우리는 다시 마음을 다잡고 보고서를 수정해야 한다. 하지만 꾸중을 들었기 때문에 기분이 좋지 않다. 모니터 앞에 앉았지만 영 수정할 마음이 들지 않는다. 영락없는 스트레스 상황이다.

이 경우에 자신만의 힐링 아이템이 분명한 사람은 금방 이 스트레스 상황을 극복할 수 있다. 예를 들어 나처럼 힐링 아이템이 커피라고 한다면 잠시 5분 정도의 짬을 내서 커피를 사올 수 있다.

"역시, 카페라떼를 마시니 진정이 되는구나. 자 기분전환도 되었으니 슬슬 다시 써볼까?"

이 직장인은 스스로 스트레스 상황을 컨트롤 할 수 있는 사람이다. 왜냐하면 스트레스 상황 극복법을 정확히 알고 있기 때문이다. 스트레스 상황의 대부분은 감정적인 것이다. 그렇기 때문에 자신만의 힐링 아이템을 분명히 알고 있다면 이 감정을 스스로 100퍼센트 컨트롤 할 수 있다.

힐링 아이템을 갖게 되면 스트레스를 계속 내 몸 안에 담고 갈지 말지의 선택권을 당신이 쥐게 된다. 스스로 '이건 내 힐링 아이템이야!'라며 특정 물건에 의미를 부여하는 순간 신기하게도 그 물건의 힘은 상상을 초월할 정도로 강력해진다. 스트레스를 단숨에 날려주는 초능력을 가진 물건으로 변신하는 것이다.

내 지인의 힐링 아이템은 AVEDA의 '블루 오일'이다. 이 푸른빛의 오일은 카모마일, 페퍼민트 성분이 함유되어 지치고 긴장된 근육을 풀어주는 효과가 있다. 롤러볼 형태로 되어 있어 목 뒷덜미, 두피, 관자놀이에 셀프 마사지가 가능하다. 스트레스 상황이 발생하면 그녀는 핸드백에 넣어둔 이 손가락 크기만 한 오일을 꺼내 목 뒷덜미에 콕 찍어 문질러준다고 한다.

"이 오일로 마사지를 하면 달콤 쌉싸래한 페퍼민트 향이 코끝을 자극하면서 근육의 긴장이 풀어지는 거 같아. 잠깐 눈 감고 향을 맡으면 금방 스트레스가 사라지더라고."

　선택할 수도 없는 스트레스 상황에 함몰되지 말자. 대신 이미 받은 스트레스를 해소할 수 있는 방법을 선택하자. 앞으로 행복한 직장인이 되고 싶은 당신의 힐링 아이템은 무엇인가? 딱 3초의 시간을 주겠다.

　"1초! 2초! 3초!"

　3초 안에 대답이 나와야 진짜 당신의 힐링 아이템이다. 만약 이 시간 내에 대답하지 못했다면 오늘부터 천천히 찾아보자.

회사 이름만큼 유명한 자신이 되라

다음은 2008년에 방영된 SBS 드라마 〈온에어〉의 한 장면이다.

배우 지망생인 고등학생 역할을 맡은 김하늘은 소속사와 계약을 하기 위해 카페에 왔다. 그리고 그곳에서 당대 최고의 여배우인 전도연을 우연히 만나 짧은 대화를 나누게 된다.

전도연 : "배우 지망생?"

김하늘 : "아직은요. 그런데 언니처럼 될 거예요. 제가 좋아하거든요."

전도연 : "내가 왜 좋은데?"

김하늘 : "예뻐요, 화려하고."

전도연 : "예쁜 건 네가 더 예쁘다야. 너 아직 멀었다. 나처럼 되고 싶어 자기 미래 담보로 도장 찍겠다는 친구가 나한테서 본 게 예쁘고 화려한 거 밖에 없네. 나처럼 되는 거 어려운 거 아냐. 누가 너처럼 되고 싶게 하는 게 어려운 거지."

그러고 보면 엄마들이 말하는 것처럼 꼭 TV가 나쁜 바보상자만은 아니라는 생각이 든다.

"나처럼 되는 거 어려운 거 아냐. 누가 너처럼 되고 싶게 하는 게 어려운 거지."

좀처럼 이 말이 머리에서 떠나질 않았다. 그래서 이 대사를 포스트잇에 옮겨 적었다. 책이나 TV를 보다가 발견한 좋은 문구들을 적어놓는 것은 오래된 습관이다. 드라마 〈온에어〉의 대사는 특히나 내가 좋아하는 말로 몇 년이 지난 지금까지도 그 문구를 적은 포스트잇이 책상에 붙어 있다.

많은 사람들이 롤모델이나 멘토를 찾는 '멘토 전성시대'다. 비단 취업 앞에 아픈 청춘, 학생들뿐만이 아니다. 직장인들도 멘토 열풍에 한 몫을 단단히 하고 있다. 물론 좋은 현상이다. 내가 꿈꾸는 모습을 이미 하고 있는 사람은 분명 좋은 자극제가 된다.

하지만 내가 닮고 싶은 사람처럼 되기 위해서는 위의 대사처럼 '누구처럼 되고 싶다'가 아닌 '나처럼 되고 싶게 만든다'는 정신이 더 필요하지 않을까?

많은 직장인들은 회사에 닮고 싶은 롤모델이 없다고 불평한다.

"우리 팀장님을 볼 때면 승진해서 저 자리 가면 뭐하나 싶어요. 만날 임원한테 능력 없다고 혼나고, 야근하고, 버는 돈은 전부 애들 사교육비로 나가고. 유일한 낙이 담배밖에 없는 것 같아요. 몇 년 후 내가 저 모습은 아니겠죠. 정말 싫다."

회사 생활을 최소 10년 이상한 부장 직급의 상사들은 우리가 생각하는 좋은 멘토의 모습이 아닌가 보다. 그렇다면 직장인들 중 상위 1퍼센트만 될 수 있다는 '임원'이라면 우리들의 좋은 롤모델이 될 수 있지 않을까?

"회사에서 하는 일은 전부 1년짜리 같아. 임원 인사가 1년에 한 번 있다 보니 계약직이나 다름없는 임원들은 무조건 자기 임기 내에 성과를 내려고 하고. 그러니 회사의 미래를 생각하며 장기적으로 추진되는 프로젝트가 하나도 없어. 정말 일할 맛 안 난다.”

“10년 넘게 회사 다닐 우리가 바꾸자. 우리라도 10년 뒤를 내다보며 일하면 되잖아.”

“10년 넘게 일할 우리가 받는 지시가 온통 1년짜리니 문제지. 그래서 결국 우리도 1년짜리 인생이야. 1년짜리 일을 10년 동안 열 번 한다는 게 다를 뿐이지.”

회사에 닮고 싶은 롤모델이 없는가? 그렇다면 자신이 누군가가 닮고 싶어 하는 롤모델이 되면 된다. 내가 원하는 것이 없다면 내가 하면 되는 일이다. 사실 이 책도 이와 비슷한 생각에서 시작되었다.

내 취미 중 하나는 혼자 서점에 가서 책을 보는 일이다. 스펙이 전부인 줄 알았던 대학 시절 나는 아까운 내 청춘을 토익 공부하는 데 쏟아 부었다. 미련하게도 꼬박 1년이라는 시간 동안 토익 공부를 했다. 아무리 생각해봐도 그때가 내 인생에서 가장 아까운 1년이다. 토익 주관사를 비롯한 모든 관련 기관에 아무런 사심도 없지만, 나는 한참이 지난 지금까지도 토익의 ‘토’자만 들어도 토가 나온다.

외롭고 힘들게 토익을 공부하던 그 시절, 그나마 마음의 위로를 찾은 곳은 학원 근처에 위치한 서점이었다. 토익을 공부하다 지칠 때면 나는 혼자 서점에 가서 책을 읽곤 했다. 사방이 책으로 둘러싸여 온 세상에 책과 나만 있는 것 같았다. 그 공간에서 성공한 사람들의 자기 계발서들을 읽고 있노라면 나도 모르게 할 수 있다는 힘이 생겼다. 내 인생에서 가장 아까운 그 1년이 그래도 남긴 것이 있다면 바로 서점에 가는 습관을 만들어준 것이다. 직장인이 된 지금도 아무리 바빠도 한 달에 두세 번은 서점에 들른다.

회사 인사부서로 발령받은 후부터 인턴사원 및 신입사원들을 많이 만나게 되었다. 그래서인지 20대 관련 책에 관심이 가기 시작했다. 20대들은 무슨 고민을 하는지, 어떻게 사는지가 궁금했다. 그러다 보니 그들의 최대 고민이자 관심사인 취업 관련 책을 찾아보게 되었는데 아쉬운 생각이 많이 들었다. 요즘에는 어딜 가나 무슨 물건이 되었거나 수요와 공급 법칙이 잘 들어맞기 마련인데, 이상하게도 취업서들은 그렇지가 못했다. 당시 시중의 취업 관련 책들은 딱 두 가지 종류였다. 첫 번째, 취업전문 컨설턴트들이 쓴 자기소개서 잘 쓰는 법, 면접 잘 보는 법 등을 가르쳐주는 취업 실용서들. 두 번째, 교수님, 스님, 스피치 강사 분들이 쓴 취업보다는 좀 더 넓은 주제의 자기계발서들.

두 가지 다 좋은 주제의 훌륭한 책들이지만 취업에 국한해서는 무언가 조금씩 부족하다는 생각을 지울 수가 없었다. 그래서 나는 최초로 현직 인사담당자가 쓴 취업전략 청춘 자기계발서를 쓰기로 마음먹게 되었다.

회사원이 된 후 당신은 '우리 회사에는 닮고 싶은 롤모델도, 되고 싶은 모습의 멘토도 없다'며 불평을 늘어놓을 수도 있다. 많은 직장인들이 회사에는 바람직한 모습의 롤모델이 없다며 하소연한다. 하지만 나는 이렇게 생각한다. 행복한 직장인이 되길 원한다면 그 결핍을 에

너지로 당신이 그런 모습이 되라고 말이다. 지금 다니는 직장에 내가 닮고 싶은 롤모델이 없다면 불평 대신 당신이 원하는 롤모델의 주인 공이 스스로 되어보는 것이다.

나는 이 책을 통해 우리 회사에서 평사원으로 책을 출판한 첫 사례 의 주인공이 될 것이다. 하지만 나는 임신과 출산을 거친 세상이 이름 지어준 대로 하면 '아줌마'다. 물론 나는 내가 정한 이름이 아닌 세상 이 지어준 이름은 거부하는 그런 여자다. 나는 확신한다. 내가 우리 회 사의 많은 여자후배들에게 좋은 롤모델이 되어줄 것이라고 말이다.

많은 여자 회사원들이 임신과 출산 앞에 직장생활을 포기한다. 직 급이 올라갈수록 여자들의 숫자는 현격하게 줄어든다. 그래서 많은 여직원들은 '회사에 닮고 싶은 여자 롤모델이 없다'고 한탄한다. 나 역 시 그랬었다. 그래서 과거에는 없던 바람직한 여자 직장인 롤모델이 되기로 결심한 것이다.

많은 직장인들은 자기 업무에서 전문가가 되고 싶어한다. 하지만 그 방법을 모르겠다고 말한다. 그러면서 바람직한 롤모델이 없다며 불평을 늘어놓는다. 나는 그런 사람들에게도 내가 좋은 롤모델이 될 수 있지 않을까 생각해본다.

대한민국에는 수천 아니 수만 명의 인사담당자가 있을 것이다. 하 지만 그들 중 과연 몇 명이나 책을 썼을까? 아마 그 숫자는 극히 적을 것이다. 나는 행복한 직장인이 되고 싶은 당신에게 이렇게 말하고 싶 다. 회사 이름만큼 유명한 사람이 되라고 말이다.

어떤가? 정말 가슴 떨리는 일 아닌가?

꿈을 품고 무언가 할 수 있다면 그것을 시작하라.

새로운 일을 시작하는 용기 속에

당신의 천재성과 능력과 기적이 모두 숨어 있다.

- 괴테

대체 불가능한 사람이 되라

irreplaceable

: (대단히 귀중하거나 특별하여) 그 무엇으로도 대체[대신]할 수 없는

내가 가장 좋아하는 영어단어다. 대단히 귀중하거나 특별하여 그 무엇으로도 대체할 수 없는 사람이 된다면 얼마나 좋을까? 회사생활을 시작하면서 막연히 품었던 생각이다. 아직까지도 상사로부터 가장 듣고 싶은 한마디가 있다면 바로 "은영 대리, 너는 우리 팀에서 irreplaceable한 사람이야"다. 하지만 나의 직속상관은 이런 내 마음을 아는지 모르는지 안타깝게도 아직까지 한 번도 이런 말을 해주지 않았다. 운명의 장난처럼 대신 정반대의 상황이 벌어졌다.

당시 우리 부서의 파트장님은 파트원들 중 한 명을 다른 팀으로 보내야 했다. 결국 한 명이 떠났고 파트장님은 무거운 표정으로 남겨진 사람들을 모아 회의를 진행했다.

"사실 한 명을 다른 곳으로 발령을 낸다는 건 쉽지 않은 결정이었다. 우리 부서 모두를 떠올려보았지. 그런데 이번 결정을 내리면서 이런 생각이 드는 거야. 여기 이 자리에 있는 그 누구를 보내도 전혀 아쉽지 않다는 생각 말이야. 즉 이 자리에 있는 사람들이 잘해서 남은 게 아니라는 뜻이다. 이 말을 기억하고 다들 분발하도록 하자."

다른 부서원들은 그저 '열심히 하란 소리군' 하며 상사의 말을 한 귀로 듣고 흘리는 분위기였다. 하지만 나는 그렇지 못했다.

irreplaceable한 사람이 되고 싶었던 내가 정반대의 "너는 언제든지 대체 가능한replaceable 사람이야!"라는 말을 들었기 때문이다.

지금의 나는 언제 떠나도 아쉽지 않은, 그러니까 언제든지 대체 가능한 사람이었다. 여전히 어제와 다를 게 없는 동료들과는 달리 나는 뭔가 이건 아닌데라는 생각이 자꾸만 들었다. 정확히 그날 이후부터였다. 나는 우리 회사에서, 작게는 우리 부서에서 나만이 가질 수 있는 경쟁력이 무엇인지를 자주 생각해봤다.

그 후로 4년의 시간이 흘렀고 나는 나만의 경쟁력 키워드를 갖게 되었다. 아래는 나의 경쟁력이라 할 수 있는 것들이다.

1. 키노트

나의 직속상관인 우리 부서 파트장님은 자타가 공인하는 '얼리어답터early adopter'이다. '테블릿 PC 사용법' 개인 교습으로 만나기 어렵다는 회사 CEO와 독대하는 사이가 된 그런 분이다. 당연히 그는 우리들 중 애플의 개인용 컴퓨터 Mac도 가장 먼저 사용한 사람이다. 우리는 업무상 파워포인트로 프레젠테이션을 많이 했는데 유독 파트장님은 Mac 컴퓨터에서만 사용이 가능한 키노트를 사용했다.

파트장님은 종종 우리에게도 키노트 프로그램으로 만든 자료를 보여줬고 나는 그게 그렇게 멋있어 보일 수가 없었다. 스티브 잡스의 프레젠테이션만큼은 아니었지만 그래도 생소한 키노트는 정말 매력적이었다. 파트장님은 파트원들의 키노트 사용을 독려하고자 우리들 중 가장 먼저 애플의 개인용 노트북 컴퓨터 맥북을 구입하는 사람에게 4만 원 상당의 맥북 주변기기를 선물해주시기로 했다. 그 상품의 주인공은 당연히 내가 되었다.

"앗, irreplaceable한 사람이 될 수 있는 기회다."

지금은 우리 파트 부서원의 대부분이 맥북 사용자지만 당시만 해도 한 달 치 월급을 통째로 투자해야 하는 용기를 낸 사람들이 없었다. 나를 제외하고 말이다. 나는 느낌이 오면 바로 지르는 평소 성격대로 과감히 맥북을 질렀다. '기회'라는 생각이 들었기 때문이다. Mac의 키노트 프로그램은 다른 컴퓨터에서는 사용을 할 수가 없었다. 그래서 나는 키노트 강의 자료에 있어서만큼은 대체불가능한 사람이 될 수 있었다.

2. 영어

나는 요즘 그 흔하다는 어학연수를 안 가본 사람이다. 순수 토종 국내파라고 할 수 있다. 하지만 아주 가끔씩 이런 질문을 받곤 한다.

"어느 나라에서 어학연수 했어요?"

"외국에 몇 년이나 있었어요?"

이런 말을 들을 때면 무척이나 뿌듯하다. 1년을 투자해 토익 고득점을 받은 그날 나는 영원히 종로를 탈출하리라 다짐했었다. 하지만 직장인이 된 후 나는 자발적으로 다시 종로로 향했다. 역시나 꼬박 1년 동안이었다. 그것도 새벽 5시에 집을 나서서 말이다. 그렇게 1년 동안 나의 기상시간은 새벽 4시 반이었다. 6시 20분에 종로에서 시작하는 영어 수업을 듣기 위해서는 그래야만 했다.

주중에는 종로의 학원으로, 토요일이면 학원 선생님이 운영하는 특별 프로그램에 참석했다. 그 프로그램에 참석할 수 있는 조건은 1년 동안 학원에 다니고, 하루 13시간짜리 주말 프로그램에 참석하며, 매일 정해진 숙제를 해야 하는 것이었다. 그렇게 매주 토요일 아침 7시부터 저녁 8시까지 하루 13시간을 영어공부에 투자했다.

나는 회사 생활과 병행하며 영원히 끝나지 않을 것 같던 1년간의 영어 하드트레이닝을 마쳤다. 내가 왜 그렇게 치열하게 영어를 공부했는지는 사실 나도 잘 모르겠다. 게다가 내가 근무하는 인사부서에서는 영어가 전혀 필요하지 않다. 당연히 그렇기 때문에 영어를 잘하는 사람 또한 드물다. 하지만 이렇게 생각했다.

"앗, irreplaceable한 사람이 될 수 있는 기회다."

남들보다 두 배로 시간을 아껴서 산 그 혹독한 1년이 있었기 때문에 나는 우리 회사 인사부서에서 영어 꽤나 하는 사람으로 인식되어 있다. 급한 번역 문서가 있거나, 해외 비즈니스 파트너와 화상회의를 할 때, 그리고 외국인 임원 최종 면접을 위한 수행비서 역할까지 보다 다양한 일을 할 수 있는 사람이 되었다.

3. 열정

사실 나는 똑똑한 사람은 아닌 것 같다. 학창시절부터 머리가 좋은 학생보다는 열심히 노력하는 학생이었다. 특히나 똑똑한 사람들의 대표 장기인 '암기력' 때문에 고생한 기억이 아직도 생생하다. 중학교 1학년 시절 처음 배운 영어단어를 외우는 숙제는 정말 곤욕이었다. 하루는 고작 쉬운 영어단어 열 개 남짓을 외워야 했는데 어느덧 시계는 새벽 4시를 가리키고 있었다. 인정하고 싶지는 않지만 나는 남들에 비해 머리가 좀 나빴던 것 같다. 20여 년 전 일이지만 그때 내가 했던 결심이 아직도 정확히 기억난다.

'나는 우리 반 친구들에 비해 잘 못 외우니깐 두 배 더 노력하자. 두 배 더 시간을 투자하면 최소한 남들만큼은 하겠지. 그리고 세 배 더 열심히 한다면 조금 더 나을 수 있을 거야.'

이 결심 때문에 친구들에 비해 다소 안 좋은 머리를 가진 나였지만 학창시절 내내 성적은 상위권이었다. 물론 남들보다 세 배 더 노력해서 얻어진 결과였지만 말이다.

그런 시간을 거치면서 내게는 자연스럽게 노력하는 습관이 뱄다. 회사에서도 나는 내가 맡은 일이 우리 회사의 미래에 영향을 미친다는 생각으로 일한다. 이마트 인턴십을 운영할 때면 지금 내가 준비하는 교육이 우리 회사의 미래 경쟁력의 핵심이 될 인재를 키운다는 생각으로 일을 한다. 전사 서비스 개선 교육을 진행하면서는 이 일이 향후 우리 회사를 살리는 일이라는 마음가짐으로 일했다. 그래서인지 나는 회사에서 '열정'의 아이콘으로 통하게 되었다.

이렇게 나는 나만의 '경쟁력 키워드'를 세 가지 갖게 되었다. 물론 우리가 모든 분야에서 뛰어나서 대체 불가능한 사람이 되기는 쉽지 않은 일이다. 다만 한 가지쯤은 대체 불가능한 경쟁력을 가져보라고 권하고 싶다. 그 경쟁력을 쌓는 과정에서 당신은 몰라보게 성장해 있을 것이다.

꿈은 성공이 아닌 성장의 언어라고 한다. 하루하루 성장하는 자신의 모습과 마주하는 직장인의 일상은 언제나 가슴 설레며 행복하다.

오프라 윈프리는 이렇게 말했다.

"난 미래가 어떻게 전개될지 모르지만, 누가 미래를 결정하는지는 안다. 당신의 목표가 무엇이든 열심히 할 의지가 있다면 달성할 수 있다."

직장인이라면 한 가지쯤 나만의 경쟁력을 갖도록 목표를 세우고 그것을 달성해보자.

회사가 미래다

취업준비생이라면 누구나 자기소개서를 쓰기 위해 지원하는 회사의 비전 정도는 찾아보았을 것이다. 기업의 '비전'은 개인의 '빅 픽처'와 동의어라고 할 수 있다. 개인이 가고자 하는 인생의 방향이 빅 픽처인 것처럼 회사가 나아가고자 하는 미래의 방향성, 그것이 기업의 비전이다.

그럼 우리나라의 대표 기업들은 어떠한 비전을 갖고 있는지 한 번 살펴보자. 이제는 대한민국을 벗어나 글로벌 톱 기업이 된 삼성전자의 비전은 다음과 같다.

'미래 혁신 기술의 개발로 디지털 컨버전스 혁명을 주도하면서, 궁극적으로 인류의 행복과 풍요로운 삶을 추구하는 선도 기업.'

엔터테인먼트 사업으로 대학생들에게 인기가 좋은 CJ그룹의 비전은 다음과 같다.

'건강, 즐거움, 편리를 창조하는 제일 좋은 생활문화 기업.'

내가 다니고 있는 대한민국 1등 할인점 이마트의 비전은 다음과 같다.

'의식주, 취미, 여가 등 고객의 생활 전반에 필요한 모든 유/무형의 상품과 서비스를 제공하기 위해 더욱 다양한 유통채널을 갖춘 글로벌 종합유통 기업.'

빅 픽처가 없는 개인의 삶은 엉뚱한 곳에서 헤매기 일쑤다. 또 제대로 열정을 쏟을 대상을 찾지 못했기 때문에 늘 경쟁에서 뒤처지게 된다. 이는 비전이 없는 기업도 마찬가지다. 그래서 기업들은 회사의 존재 목적을 비전이란 이름으로 내세우고 그 방향을 바라보면서 현재의 비즈니스를 꾸려나간다. 비전을 통해 회사 구성원들은 지금 하는 일들의 큰 방향성, 즉 전체 그림을 그려볼 수 있다.

기업의 비전은 이처럼 상당히 중요한 것이기 때문에 주로 경영층으로부터 전달된다. 우리가 입사하기도 훨씬 전에 정해져 있다.

'내가 생각하는 회사의 미래 방향성이 우리 회사 비전으로 사용된다면 어떤 기분이 들까?'

생각만 해도 가슴 뛰는 일이 아닐 수 없다.

그래서 나는 이 중요한 '회사의 비전'을 주제로 미래일기를 써보기로 했다. 이 미래일기의 주인공은 딱 두 명이다. 회사 그리고 나.

미래일기란 말 그대로 미래에 일어날 일들을 적어보는 것이다. 미래의 일이지만 마치 이미 일어난 과거의 일처럼 적으면 된다. 아주 쉽다. 우리가 초등학교 때 썼던 일기처럼 쓰면 된다. 과거의 일을 기록하는 게 일기라면, 미래일기는 내가 원하는 미래를 상상해서 글로 적는 것이다. 실현가능성은 중요하지 않다. 생각하면 기분이 좋고 상상하는 것만으로도 가슴이 떨리는 일이면 된다.

나의 미래일기

날짜 : 2020년 6월 13일

날씨 : 청명한 푸른 하늘빛에 간간히 선선한 바람이 부는 날

햇살이 유난히 좋았던 오늘 기분이 참 좋았다. 햇살 같이 또렷한 눈빛을 가진 우리 회사 신입사원들과 식사를 같이 해서일까? 장소는 이마트 본사 14층에 위치한 뷔페 식당이었다. 보기에도 먹음직스러운 신선한 초밥들과 샐러드를 먹으며 신입사원들과 이야기를 시작했다.

"초롱 씨는 우리 회사에 왜 지원하게 되었어요?"

내 앞에 유난히 밝은 표정의 신입사원이 앉아 있었는데 그녀에게 인력개발팀 팀장인 내가 먼저 말을 건넸다.

사실 이 질문은 선배들이 신입사원들에게 하는 단골 질문이다. 내가 신입사원이었을 때도 선배들은 수시로 이렇게 질문했었다. 세월이 흘러도 선배들이 신입사원들에게 제일 궁금한 것은 역시나 같은가 보다. 이름처럼 눈에서 초롱초롱 소리가 날 것 같은 이초롱 신입사원이 대답했다.

"저는 이마트의 비전을 보고 입사를 결심하게 되었어요."

그녀의 지원동기를 들은 나는 가슴이 벌렁거리고 눈시울이 뜨거워져 혼이 났다.

우리 회사의 비전은 '세상에 즐거움을 주는 회사, 이마트'다. 이 비전은 내가 대리였던 시절 회사 최초의 독서클럽인 인사이트의 회원들

과 함께 만든 것이다. 그래서인지 우리 손으로 만든 회사의 비전을 보고 누군가가 입사했다는 말에 감정이 요동쳤다.

나는 두근거림이 있는 회사의 비전을 만들고 싶었다. 초일류 기업, 글로벌 넘버 원 회사와 같은 말은 기업들이 나아가야 할 지향점이 맞다. 하지만 우리는 그 비전으로 인해 설렌다거나 가슴이 떨리지 않았다. 그렇기 때문에 대부분의 직원들은 아예 비전을 모르거나 알더라도 모두 다 다르게 이야기했다. 그래서 나는 떨림이 있으면서도 우리 회사 임직원 모두가 기억할 수 있도록 쉽게 표현된 비전을 만들고 싶었다. 경영층부터 회사의 가장 말단사원까지 모두 한 목소리로 말할 수 있는 간단하면서도 강력한 메시지를 담고 싶었던 것이다.

가슴 떨리는 비전에 대해 고민하던 중 이마트 은평점에서 근무했던 신입사원 시절 완구 매장에서 보았던 한 꼬마의 표정이 생각났다. 커다란 장난감 박스를 품에 안고 있던 꼬마는 세상을 다 가진 표정이란 건 바로 저런 모습이겠구나 싶을 정도의 행복한 얼굴을 하고 있었다. 그 꼬마에게 이마트는 세상을 다 가진 즐거움 그 자체였다.

결혼 후 새댁이 된 내게 그리고 한 아이의 엄마가 된 지금까지 이마트는 우리 가족의 먹을거리를 믿고 살 수 있는 곳이다. 요리책을 보며 서툰 솜씨로 만든 음식이지만 맛있게 먹어주는 남편과 아이. 가족과 함께 앉은 식탁에서 그렇게 행복할 수가 없었다. 이마트는 우리 가족이 즐거운 식사를 할 수 있도록 식재료를 공급해주는 장소다.

예전의 아빠들은 '남자가 무슨 시장이야'며 장보기는 여자의 일이라 말하는 사람들이었다. 하지만 이마트에서 카트를 끄는 아빠들의 모습은 더 이상 낯선 풍경이 아니다. 점점 각박해지는 현대 사회에서 이마트는 가족이 함께하는 즐거운 장소가 되었다.

생각해보니 먹고 살아가는 사람들의 일상 속 깊숙이 이마트가 함께 하고 있었다. 그렇기 때문에 우리 회사가 할 수 있는 역할 또한 컸다. 바로 우리는 세상을 더 즐겁게 만들 수 있는 회사에 다니고 있었던 것이다. 이렇게 탄생된 우리 회사의 비전이 바로 '세상을 즐겁게 만드는 회사, 이마트'다. 이 짧고 쉬운 이마트의 비전은 그 속에서 매일 일하는 사람들의 심장을 뛰게 했다.

"나는 단순히 돈을 벌려고 일을 하는 것이 아니다. 나는 이 세상을 더 즐겁게 만드는 중이다."

가슴 떨림이 가득한 비전 아래 우리 회사 사람들은 오늘도 누구보다 더 행복하게 일하고 있다. 오늘 내가 하는 일은 단순히 회사에서 월급을 받기 위한 지겨운 밥벌이가 아니다. 이 세상을 더욱 즐겁게 만들기 위해서다. 이렇게 생각하니 직원들의 사기는 높아져갔다.

얼마 전 세계 최고의 부자 워렌 버핏이 한국 일정 중 성수동에 위치한 우리 회사를 방문했다. 그는 기자들과의 인터뷰에서 매장에서 청소하는 아주머니부터 본사 직원들에 이르기까지 모두 같은 목소리로 회사의 비전을 말하는 모습에 크게 감탄했다고 전했다.

"우리는 단순히 일을 하는 것이 아닙니다. 우리는 세상을 즐겁게 만드는 중입니다."

그는 이 모습에 깊은 감명을 받았고 우리 회사를 한국 기업 중 가장 투자하고 싶은 기업이라고 밝혔다. 그의 이 한마디에 회사 주식은 벌써 3일째 상한가를 기록하고 있다.

게다가 오늘자 신문에 실린 우리 회사 관련 기사가 나를 더욱 황홀하게 만든다.

"대학생들이 가장 일하고 싶은 회사 압도적 1위, 이마트!"

세상을 더욱 즐겁게 만들고 싶은 청춘이 이렇게 많다니 행복할 따름이다.

회사의 비전으로 미래일기를 써라

행복한 직장인이 되기 위해 내가 제시하는 마지막 방법은 '나와 회사를 주인공으로 한 미래일기 쓰기'다. 무엇부터 써야 할지 모르겠다면 앞에서 본 것처럼 회사의 비전부터 써보자. 세상의 판단기준이 아닌 나의 시선과 생각으로 써보는 것이다. 다른 사람이 아닌 당신 스스로 회사의 비전을 정하고 나면 일을 대하는 태도부터 달라질 것이다. 입사를 열망했던 간절한 취업준비생 그 시절처럼 심장이 다시 뜨거워질 수 있다.

실제 당신이 쓴 미래일기의 내용들이 진짜로 일어날지 안 일어날지는 전혀 중요하지 않다. 그럼 일어나지도 않을 일을 왜 굳이 글로 쓰느냐고 물을 수도 있겠다. 하지만 내가 원하는 회사와 그 속의 내 미래를 글로 적고 나면 설령 그 일이 실현되지 않더라도 강력한 변화가 일어난다. 미래일기에 쓴 내용이 현실로 이루어지기 위해 지금의 내 자리, 내가 맡은 업무에서 무엇을 할 수 있을지 찾기 시작하는 것이다.

나도 모르는 사이에 내 무의식이 그런 반응을 보일 것이고 미래는 점점 내가 원하는 모습으로 변하게 된다.

얼마나 행복한 일인가! 내가 스스로 미래를 이미 결정해놓는다니 말이다. 단 미워하는 상사를 퇴사하게 해달라거나, 멋지게 사표 던진다 등의 내용은 이 미래일기의 취지와 맞지 않으니 머릿속에서 지우길 바란다. 회사와 내가 주인공인 미래일기는 지금 다니는 회사에서 이뤄지기를 바라는 가장 긍정적이고 이상적인 모습이어야 한다.

저명한 심리학자 윌리엄 글래서는 이렇게 말했다.

"우리는 거의 언제나 선택권을 가지고 있고, 그 선택이 훌륭할수록 우리는 좀 더 스스로의 인생을 통제할 수 있다."

회사를 계속 다니기로 선택했다면 행복한 직장인이 되는 것 또한 선택하라. 행복한 직장인이 되기로 한 결정은 매우 훌륭한 선택이므로 당신의 인생을 오롯이 당신이 원하는 방향으로 통제해 나갈 수 있을 것이다.

나는 대한민국에 행복한 직장인이 더 많았으면 좋겠다. 그래서 더 행복한 대한민국이 되었으면 좋겠다. 누군가처럼 되기는 쉽지만 누가 나처럼 되게 만들기는 쉽지 않다. 부디 당신 스스로 행복한 직장인이 되어 누군가의 꿈이 되길 바란다. 그런 나와 당신을 열렬히 응원한다. 뜨거운 박수와 가슴 벅찬 포옹으로 사랑을 담은 입맞춤과 함께!